Qualitative
Methods
in
Management
Research

EVERT GUMMESSON

管理的
定性研究方法

第二版

伊弗特·古默桑 著　袁国华 译

WUHAN UNIVERSITY PRESS

武汉大学出版社

图书在版编目(CIP)数据

管理的定性研究方法(第二版)/伊弗特·古默桑著;袁国华译.—武汉:武汉大学出版社,2006.11
经管译丛
ISBN 7-307-05238-5

Ⅰ.管… Ⅱ.①古… ②袁… Ⅲ.管理学—研究 Ⅳ.C93

中国版本图书馆 CIP 数据核字(2006)第 116364 号

著作权合同登记号:图字 17-2006-044 号

This translation of *Qualitative Methods in Management Research* is published by arrangement with Sage Publications.

本书中文版专有出版权由 Sage Publications 出版公司授予武汉大学出版社出版。未经出版者书面许可,不得以任何方式复制或抄袭本书内容。

责任编辑:范绪泉 责任校对:刘 欣 版式设计:杜 枚

出版发行:**武汉大学出版社** (430072 武昌 珞珈山)
(电子邮件:wdp4@whu.edu.cn 网址:www.wdp.com.cn)
印刷:湖北恒泰印务有限公司
开本:787×980 1/16 印张:13 字数:222 千字
版次:2006 年 11 月第 1 版 2006 年 11 月第 1 次印刷
ISBN 7-307-05238-5/C·165 定价:20.00 元

内 容 简 介

　　《管理的定性研究方法》就定性研究在管理研究中的地位以及案例研究方法在定性研究中的作用提出了全新的观点;重点强调研究人员要深入接近管理实际,通过个人直接经历和他人的二手经验建立发展自己的预知与熟知,不能总是游离在现实世界的边缘去隔岸观火;探讨了如何将学术研究人员和管理咨询师这两种角色有机地融合起来,去做组织决策、实施和变革过程中的变革代理人;阐述了学术研究和管理咨询的质量评估、学术研究人员和管理咨询师的个人品质、研究过程和研究内容上的禁忌等前沿问题;将一般意义上和社会范畴内的行动科学拓展到了管理科学领域,开创性地提出了行动科学的管理范式概念,提出管理学界的研究人员和实践人员都要力争做一名行动管理学家。

　　本书可作为管理专业、营销专业和科学哲学专业教师、研究人员的参考书,也适合于各类管理咨询机构使用。

目　录

作者简介

　　伊弗特．古默桑先生毕业于瑞典经济学院并获得斯德哥尔摩大学博士学位,现任斯德哥尔摩大学商学院服务管理和营销教授、研究主任,兼任芬兰赫尔辛基瑞典经济与工商管理学院和塔皮尔大学教授。

　　古默桑博士主要研究兴趣包括科学学理论、学术研究人员和咨询师所应用的方法论、定性方法及其在案例研究中的应用。他在关系营销和质量管理,特别是服务部门的关系营销和质量管理方面造诣颇深。1977 年,他出版了斯堪的纳维亚地区第一本服务营销方面的专著并被 *Journal of Retailing* 评为服务营销的全球开拓者之一,曾被英国皇家营销学会评为"市场营销学最大贡献 50 巨匠"之一,2004 年获"美国市场营销学会最佳服务论文奖"。

　　2002 年出版的《全面关系营销》已经成为最畅销书之一,并被瑞典营销联合会评为"年度最佳营销著作"。2005 年出版的《多对多营销——网络经济环境下从一对一营销转向多对多营销》已经被翻译成多种文字,他出版或者合作出版了 20 余本著作,并在《欧洲营销学报》、《营销科学学会学报》、《营销管理学报》、《长远规划》与《服务企业管理》等权威期刊发表了大量论文。

　　古默桑博士是瑞典卡尔斯塔德大学服务研究中心以及著名的服务质量国际会议(QUIS)的发起人之一,是纽约国际服务质量协会(ISQA)的奠基人,也是世界生产率科学院院士。

　　古默桑博士经常在世界上很多大学、学术会议和大公司举办讲座,为多家专业期刊和出版社担任编委。古默桑博士曾有 25 年的经商经历,曾担任《读者文摘》瑞典分社的产品和营销经理。在 1968 年至 1982 年期间,曾任职欧洲最大的咨询公司之一 PA 咨询集团,担任该集团首席管理咨询师以及斯堪的纳维亚分部主任。他曾为爱立信、万事达、瑞典合作联合会、瑞典铁路公司、瑞典电信以及联合国提供过咨询服务。

译 者 简 介

　　袁国华,管理学博士,武汉理工大学管理学院副教授。2005年6月武汉大学企业管理专业市场营销方向博士研究生毕业,获管理学博士学位。2003年9月至2004年8月受国家公派赴瑞典斯德哥尔摩大学商学院做访问研究。2001年6月武汉理工大学管理学院企业管理专业市场营销方向硕士研究生毕业,获管理学硕士学位。1989年武汉工业大学外语系英语专业毕业,获文学学士学位。曾先后主讲《外贸英语》、《市场营销》(英文)、《国际市场营销》(英文)、《营销调研》(英文)、《管理学原理》等研究生、本科生核心课程,发表关系营销、高等教育营销、高等教育管理等方面的论文、译文30余篇,出版国内第一部高等教育营销方面的专著《基于顾客导向的高等教育营销》,其中多篇文章被EI、ISTP、《新华文摘》、《人大报刊复印资料》收录或索引。

序　言

John Van Maanen[①]

　　一般意义上的定性研究方法和具体的案例研究方法在社会科学以及其他学科中的应用不仅由来已久,而且成就非凡。然而,如果考虑到定量研究方法即使并非占有统治地位但却享受广受瞩目的优待的现实,那么回顾如下事实则不无裨益:定性研究方法几乎在所有的社会研究中都作为基本方法一直沿用到中世纪左右,而管理研究更是如此,因为直到 20 世纪 60 年代它都与案例研究方法紧密相连。从 Frederick Taylor 的描述性和规范性的著述,到芝加哥附近西屋电气霍桑工厂车间行为的人类学研究,管理研究过去主要依赖对自然状态下的工作环境的持续、直截和有条不紊的观察。这些研究除了对组织职能产生了重要而有益的影响外,也在很大程度上推动了实证和理论研究的发展。事实上,统计分析在学术研究中还只是一个迟到者。

　　随着新世纪的到来,定性研究方法在学术研究和应用领域都大有复兴之势。当定量研究方法许下的诸多诺言不断破灭的时候,定性研究就重焕生机,并大放光彩。记数法和分类法就是一个例证。数字和类别如果没有相应的涵义和说明,就显得毫无意义。从根本上来看,这都是一些定性问题。这两种方法唇齿相依,它们既不可能独自捕捉事实,也不可能取代对方。然而,当定量研究方法鹤立鸡群并被广泛讲授的时候,定性研究方法却备受冷落。但是,随着对定性研究方法的兴趣的复归和增长,这种现象不会持久。事实上,只要发现伊弗特·古默桑(Evert Gummesson)这部书的第一版如此广受欢迎,而第二版又即将面世的时候,对这一点就毋庸置疑了。

　　本书第二版增添了很多新颖内容。无论是对初出茅庐还是久经沙场的研究人员、管理咨询师,还是磨刀霍霍准备对组织实施变革的经理们来说,本书都为我们提供了丰富的实践指南、实用范例和充满睿智的妙言良策。本着实

---

　　①　序言作者系美国麻省理工学院 Sloan 管理学院教授,积极主张在管理研究中应多运用定性研究方法。

用的目标——改善组织的生命和绩效,伊弗特·古默桑把定性研究视为一个从诊断到治疗再到评价的临床过程。对于那些希望从管理研究中获得裨益的人来说,管理研究也是一个参与的过程,在研究设计、执行和最终在组织中得以运用的过程中他们必须发挥积极的作用。在第二版中,定性研究轻松自在、舒适惬意、成本较低和快捷及时的优势得到了充分的展示。因此,我相信,在读者从头至尾捧读这本书的时候,他们总会禁不住想马上(或许明天)在自己钟爱的组织中跃跃欲试。那么,本书带给我们的就不仅是阅读上的赏心悦目,而且还会为如何着手和实践我们当前迫切需要的管理研究提供最实用的现场指导。

中文版前言

在时隔 260 年后,当瑞典仿古商船"哥德堡"号沿着中国和瑞典之间的海上丝绸之路重返中国之际,我非常高兴和非常荣幸地看到我的著作《管理的定性研究方法》将由武汉大学出版社出版中文译本,谨此我十分乐意为本书中文版撰写前言,并将它郑重地推介给热情好客的中国读者。本书第一版于 1985 年用瑞典语出版,1988 年翻译并扩展成英文版,其后又曾数次扩展和修订。本次翻译出版的中文版是 2000 年出版发行的第二版,相对十多年前出版的第一版,该书的内容又更加充实,也更为重要了。

在美国以及许多其他国家的商学院和经济学院里,定量研究方法的地位似乎比定性研究方法的地位要更为优越。这种错误信息在亚洲许多国家也在经常得到宣扬。数字、统计学似乎要比文字更加缜密、精确和客观,因此会更加科学。这些说法其实十分荒谬,Van Maanen 教授对此也不敢苟同。Van Maanen 教授是位于美国工程学科心脏地带的麻省理工学院的知名教授,他却是定性研究方法的积极倡导者。

定性研究方法在历经风雨之后终于迎来了彩虹。现在,越来越多的学者开始认为,定量研究方法和定性研究方法在接近、分析和了解现实世界时其实相得益彰。手艺一流的木匠都会明白不同的木活就应该选用最适合的工具,科学研究不应该也不可能一开始就摒弃某种研究方法。定量研究方法在管理研究中应该有其一席之地,但是过分夸大它的作用就显得不太科学了。实际上,定量研究方法也难免显现出许多自相矛盾的地方。其实,定量研究方法是建立在定性的、主观的和武断的假设基础之上的,实际证明它也无法处理复杂的、应景的和动态的问题,而这三个特点恰恰是社会和经营的最基本的特征。

社会科学面临的主要问题是所用的大多数定量研究方法起源于 16 世纪。主流的社会科学家们还没有意识到现代物理和数学在过去 100 年里——自爱因斯坦以后——已经发生了翻天覆地的变化。捧读现代数学家和物理学家的巨著时,我十分惊喜地看到他们也开始变得更加善于思考、更加注重定性研究方法、更敢于大胆假设和挑战权威的研究方法和所谓"真理"。他们尊重的是对现实世界的观察以及研究结果的作用。

　　武汉理工大学管理学院市场营销系副教授袁国华博士对此书中文版的出版发挥了重大的作用。他为本书的翻译付出了辛勤的汗水和满腔热情,对此我感到十分满意。他的努力为消弥东西方学者以及不同的研究方法之间的鸿沟架起了又一座桥梁。同时,感谢武汉大学经济与管理学院甘碧群教授为本书中文版的出版给予的关心和支持。

　　我衷心地期望本书能够推动中外学者更好地去了解和改造现实世界,多一些思考,多一些对话,多一些成果,更好地完成人类赋予科学和学者的重要使命。

伊弗特·古默桑

2006 年 7 月于瑞典斯德哥尔摩

前　言

　　在本书的第二版中,实例和参考文献得到了更新,本书的基本观念也有了进一步的发展,尤其是关于行动科学和研究质量方面的内容。在全书中,我试图将我的观点阐述得更加明晰。

　　本书纯属我个人的观点。或许有人认为这些观点有些另类,而且在方法论上太以自我为中心,但这都出于我个人的本意。当我想说"我"时,我就会写"我",而不会用"我们"或者"作者"来掩饰。真正科学的研究方法的个性都很强;它是对生活的探索,是对真理和意义的追寻。远离世界,逃避混乱,将自己孤立在象牙塔内,只是读读著名哲学家或者学术权威的著作,把科学尊奉到神的地位,是难以发现社会生活中的真理和意义的。探索—再探索—再探索,无时无刻不在我们身边的个人或者职业生活中的每一个大小事件中发生着。我们必须把自己当作研究仪器一样不断地自我微调;我们需要把科学当作自己个人的事情。我们要对自己的经验和思考充满自信,同时要通过著书立说、出席会议、酒吧夜谈,到了 20 世纪 90 年代中叶则要通过电子邮件和互联网等方式与他人保持对话。

　　书中所表达的想法经历了 20 多年的演进。它们或许并不新颖,而且和数千年来的科学哲学或者人类实践中不断演进的观念也没有什么出入。这些想法受到了当代社会学、人类学和我个人经商经历的启发。在 1980 年春天,我曾接手了一项对一家大型公司进行战略和组织变革的咨询任务。我曾记录了在战略过程中所发生的一切,并将它们与公司战略和组织理论中的文献资料相互联系。咨询师和学术研究者两种角色之间的联系,以及两者的结合创造的接近变革过程的机会让我着迷。我开始整理我的经验,同时研究科学哲学理论、社会科学和自然科学方法论以及管理咨询方面的文献资料。尽管商学院的教授们都习惯于做管理咨询,但是如何将学术研究者和管理咨询师这两种角色结合起来却并不清楚。

　　随着研究的深入,本书的内容逐步超出了纯粹的学术研究者和咨询师方面的论题,扩展、深入到了管理学科中的定性研究和案例讨论的运用等更为广泛的主题。

　　书中内容曾在过去的 15 年里在许多大学和学术讨论会上以研究报告、初稿或者正式出版物的形式发表过。许许多多的教授、博士生、学生和管理咨询师提出了宝贵的建议，我不胜感激；事实上，他们多得难以计数，我甚至在此无法一一列明。

伊弗特·古默桑

图 表 目 录

第一章　管理的定性研究

　　定性方法和案例研究为诸如一般管理学、领导学、市场营销学、组织学、公司战略、会计学等管理学科和经营学科的研究提供了强有力的工具。但是，定性方法的使用范围却非常有限。很多大学和商学院往往对它嗤之以鼻，视其为一种二流的研究方法。尽管案例研究广泛地被用做一种教学工具，但是却常常被认为不足以用于研究目的。

　　在外出参观访问和与他人的通信联系中，我发现本书所讨论的问题也使全球各地的商学院的学生和学者备感困惑。许多人原本打算在研究中，譬如准备博士论文或者硕士论文时，多用一点定性研究和案例研究方法，却往往得不到应有的鼓励。他们经常抱怨："我的教授对我都不理解，我又能怎么办呢?"尽管有少数商学院对应用定性研究和案例研究持接受和鼓励的态度，但是在研究中真正采用这两种方法的机会并不是很多，而且这两种方法如何运用还有待适当的讲授。

　　这些冲突的起因在于大多数商学院满脑子想的都是如何使用统计方法，认为这些方法本身就提供了通往知识和科学发展的快车道。教学科研人员通常对定性方法和案例研究方法所蕴涵的机会也缺乏了解。这种无知与固有的科学学理论、研究方法和技巧的选择和应用息息相关。

　　本书面向商学院和大学的学生、学术研究人员和管理咨询师。尽管本书的重点在于经营管理学科，但其内容同样适用于其他组织，因此也可供政府部门、志愿性非营利组织使用。

　　本书可为读者撰写各个层次的商学教育以及学术生涯的文章以及学位论文提供指导。本书重点在于探讨案例研究方法和定性研究方法在数据搜集与分析中的应用，旨在增强研究人员对定性方法在研究中的应用机会的意识。它为回答"研究人员要想有所贡献应该如何理解研究对象"这类问题提供了答案和建议。本书也讨论了对研究人员的思维和行为起决定作用的研究范式，包括基础价值观、过程和规则。

　　定性研究方法的应用使得学术研究人员和管理咨询师之间的界限也渐趋模糊，特别是咨询师的角色为学术研究人员提供了大量的深入研究企业以及

其他组织行为的机会。这些机会在有关方法论的文献资料和实际学术研究中
却没有受到足够的重视。

　　如果通过管理咨询师的角色能够进一步了解定性研究方法的可能性和局
限性的话，有关工商管理的学术研究的质量和应用价值也会随之得以提高。
有时候，专业的管理咨询与学术研究之间的关系非常密切；有些情况下，两
者之间也有可能毫无瓜葛。

　　希望本书能有助于从事管理咨询的执业人员提高对其职业的认识。同
时，本书对那些需要从学术研究人员和管理咨询师那里购买服务的公司或组
织也会有所裨益。该书有助于他们对服务提供者的服务质量进行评估。

　　案例研究法正日益成为一种科学的管理研究工具。对变革机制的深入了
解不一定需要研究很多的案例。对于管理咨询师来说，少数几个案例就足以
达到这个目的。行动研究或者近来被称为行动科学（action science）① 的研
究方法就是一种令人激动的案例研究方法。在研究过程中，研究人员充当积
极的咨询师角色并对所研究的过程施加影响。

　　本书研究的重点还包括公司和其他组织的决策、实施以及变革过程。

　　虽然定量方法和定性方法都可用于案例研究中的数据搜集，但是定性方
法在对过程的研究中往往起主导作用。在对过程的研究中，数据搜集、分析
以及行动往往同时发生。在对本书手稿进行讨论的研讨会上，就有人问我是
赞同被迷信为"科学"的定量研究方法，还是只喜欢定性方法而排斥定量
方法。由于本书讨论的主题是定性方法，因此有人臆断我反对使用定量方
法。事实上，对任何一种方法我既不完全赞同也不完全反对。它们应该在合
适的地方得到运用。如果运用失当，片面地支持一种方法和反对另一种方法
几乎都是不科学的，尽管片面性在学术研究界早已司空见惯。管理咨询师同
样也会面临类似情况，因为他们很容易受到潮流或者传统的但过时的范式的
左右。

　　书中得出的结论参考了科学学理论、研究方法论、管理咨询以及不同管
理学科等方面的文献，也参考了许多自传、回忆录以及有关公司和其他组织
生活方面的刊物。本书也引用了我早期发表的关于咨询服务的营销和管理方
面的研究。② 最后，我自己从事管理咨询和担任经理的个人经历对我的研究
方法也有着积极的影响。我对管理研究中的权威做法进行挑战的兴趣始于
1980 年。自那以后就一直延续下来，而且正在成为一种终身的旅程。这个

---

　　① 　Argyris 等，1985。
　　② 　Gummesson, 1977, 1979.

旅程中间会有许多驿站，本书属于刚刚到达的一个新站点，但决不是最后的一站。

我喜欢用我个人的风格来撰写本书。这也符合定性研究的传统，因为科学家的个性是定性研究中的一种关键工具。本书的写作方式力图能使那些对科学理论或者管理研究不太熟悉的人也能读懂，但这并不是说读这本书不需要花什么工夫。对于那些想过安逸生活的人来说，无论是学术研究还是管理咨询，都不是一种合适的选择。这不仅仅是知识方面"熟知"的问题，更是一个人是否具备成熟、判断能力、常识和情绪控制方面的问题。

定性方法在企业和其他组织研究中的应用

社会学、心理学、教育学、人类学/人种学中有不少关于定性方法论研究的著作。① 书中提供的范例和案例源自一般意义上的社会和政府部门的研究，而不是对企业的研究。定性研究方法在上述领域的应用对于一个热衷于公益事业的经理来说可能具有启发意义，但是对于一名生意人来说就不一定了。要想对工商管理中的研究方法多些了解，就不能从对非洲部落中的巫术、神谕或者魔术的研究中②，或者是一种磨磨蹭蹭、行将就木的生活轨迹的案例③，或者是课堂上的生活④，或者学区内如何评价学生表现之类的研究⑤中去了解。尽管这些地方所用的研究方法和管理的研究方法在本质上没有什么不同，但是它们的应用方法、侧重点和意义却相差甚远。它们研究的是不同状态下的人类生活，其目的不同，出发点也不同。

有关定性方法的教材中很少触及诸如利润、竞争力、公司战略、生产率、全面质量管理、运营管理、关系营销、虚拟组织、平衡计分卡等经营方面的问题。但是这些知识对选择科学方法却是必不可少的。譬如，如果对公司侵入者、恶意兼并、垃圾债券和借贷收购缺乏熟知的话，就无法了解美国大公司在 20 世纪 80 年代的生存状态。在当今世界，我们必须紧跟信息技术的发展，不仅要了解互联网和电子商务所带来的影响，更要掌握北美自由贸

---

① 全文参阅 Burell 与 Morgan, 1985；Patton, 1990；Tesch, 1990；Bernhard, 1995；与 Silverman, 1997。

② Evans-Pritchard, 1973.

③ Strauss 与 Glaser, 1970。

④ Jackson, 1968.

⑤ Alkin 等, 1979。

易协定（NAFTA）、欧洲联盟（EU）以及前苏联解体在宏观经营环境上带来的变化。

运用定量方法进行市场调研的教科书可能汗牛充栋，但是从商业的角度运用定性方法研究消费者以及其他商品和服务的购买者的教科书我只发现了一本。① 能够平等对待定量研究方法和定性研究方法的管理学著作，我也只发现了一本。②

管理学研究如何认识和改善企业的绩效的问题。这些研究可为某个具体公司或者产业所存在的问题提出解决方案。这些类似于咨询的研究属于应用研究。相比之下，基础研究则是为了促进管理学科的长期和一般性的发展所作的理论上的、哲学上的相关研究。

书中案例和插图涉及到组织的问题及其经济环境。有些问题模式可能只是针对私营企业而言，但是对政府部门和志愿性组织也具有参考价值。政府部门——不管是中央政府、区域性政府还是地方政府——对如何从私营行业，尤其是从服务企业中学习经验的兴趣日益浓厚。这是因为政府的主要职能同样是为了向它的"投资人"，即公民，提供服务。虽然机构上的差异有时会引起应用模式上的差异，譬如通过税收理财、政治家和管理人员双重管理、经常性的垄断等，但是这些方法无论是对国有或是私营部门来说都是适用的。

私营部门和政府部门之间的联系可以从前苏联总理 Gorbachev 在 20 世纪 80 年代提出的"开放"和"信息"中清楚地看出来。这一点不是共产主义和共产主义计划经济所独有的问题；Gorbachev 是闻所未闻的规模最大的"转型 CEO"。③ 即使是最大规模的全球性企业，其雇员也不会超过 100 万人，大多数不会超过 50 万人；但是"苏联公司"的雇员却超过 2.5 亿人，另外还有 1.5 亿人分布在其他"分支机构"中。质量管理中有"隐性企业"之说，它们存在于每一个公司之中而且特别擅长于生产"无质量"。④ 尽管我们不愿意承认这一点，但是在西方企业和政府部门隐藏着许多前民主德国的无生产性甚至是反生产性岛屿。

管制放松是为了提高组织和整个行业绩效的一种西式"开放"战略。

---

① Seymour, 1988.

② Easterby-Smith 等，1991。

③ Goldman, 1988.

④ Crosby, 1984.

"美国产业史上最急剧的分裂"① 就是将 AT&T（美国电话和电报公司）分拆成若干各自拥有独立所有权的公司。几乎一模一样的是，英国首相 Margaret Thatcher 通过 "私有化" 将英国电信、液化气和电气设施以及经营伦敦希斯罗机场和其他机场的英国机场管理局一卖了之。

学术研究人员和管理咨询师：都是 "知识工作者"

很早我们就听说农业和制造业中的从业人数将会越来越少，而社会发展进程中出现的 "第三次浪潮"② 使得服务业中的从业人员不断增多。在大多数西方国家，服务行业中的从业人员占劳动力总数的 1/3，甚至更多。③学术研究人员和管理咨询师所从事的工作都属于专业性服务；他们是 "知识分子"、"知识工作者"，或者说是 "金领工作者"；他们隶属于 "知识型组织"，是服务经济的一个分支。④

知识和信息这类词汇尽管我们每天都用，但是其含义却是含糊不清的。认识论是科学哲学的一个分支，它提出了这样一个问题：知识能够存在吗？三种思想学派给出的答案分别有："能"（教条主义）、"不能"（不可知论）和 "也许"（怀疑论）。尽管本书第四章会讨论时下热门的 "事实" 是否存在的问题，但是我却必须假定知识这种模糊现象是存在的。尽管这种模糊多少令人有些沮丧，但不管是学术研究人员还是咨询师都还得继续工作下去——绝对不只是为了支付电话费和按揭；那是些实实在在的问题。

知识型组织具有如下特点⑤：

● 组织中的大部分活动属于解决问题和非标准化生产，但是例行的手工劳动依然存在。
● 产生大量有趣的、创新性的思想、方法、措施和建议。
● 对个体的高度依赖以及高度的独立性和整合性。
● 不管是单独的还是集体组织都强调创造。
● 与目标受众就结果进行沟通的能力。

---

① Toffler，1985，p. 6.

② Toffler（1981）认为农业社会形成第一次浪潮，工业制造业是第二次浪潮，服务/信息产业是第三次浪潮。

③ 这类过渡及其对商业的影响参见 Gronroos，1990。

④ 参见 Drucker，1989；Quinn，1992；Sveiby，1994，1997；"金领工人" 由 Kelley 于1985 年提出。

⑤ Gummesson，1990；受 Sveiby 和 Risling（1986）的启发。

　　上述特点是知识型组织所具有的共同特征，因此学术研究人员和咨询师在这些方面也是相通的。但是，对这些特征的描述却十分抽象。从抽象的梯子的顶端下来接近到更加具体的行为，发现的差异就会越来越多。本书将讨论学术研究与管理咨询之间的共同点、差异以及两者之间的依存关系。

　　所有组织中都有知识工作者，人数上会有的多有的少。在商学院的研究课题组中有，管理团队、药品实验室和一些研究与发展（R&D）部门中也会有；他们可能是计算机系统分析人员，烹饪美味佳肴的厨师，或者是纽约股票交易所的专家。除了管理咨询师以外，咨询师还有很多种，包括广告代理、会计、律师、咨询工程师等①。在本书中，我们主要讨论管理咨询师，有时也称之为经营咨询师。也就是说，管理咨询师是指在某个公司就全局性或者某些职能所面临的问题开展工作的咨询人员。这一定义也适用于其他相关职业。为了简洁起见，书中将用咨询师替代管理咨询师，用研究者（人员）来替代学术研究者（人员）。

　　"实践者"（practitioners）包括咨询师及其客户。"直截了当的行动者"（nononsense men of action）习惯于把与理论和方法相关的讨论认定为"学术性的"，对于他们来说也是华而不实的同义词，而且对于企业的实际起不了什么作用。我想引用诺贝尔经济学奖委员会前任委员、联合国原首席经济学家和管理学教授 Sune Carlson 的回忆录中的一段话来说明实践者与科学家之间的关系。

　　在 20 世纪 60 年代初，在进行了约四分之一世纪的大学研究之后，我成为 AGA（一家专门经营天然气的国际公司）的董事会成员，我参与了公司的对外投资决策和不同类型的国际融资运作活动。有很长一段时间，我都没有搞清楚我们正在做什么，我认为别人也会有类似的想法。我们肯定不缺事实；可用的数据有一大堆。但是，我缺乏某种能够对这些数据进行整理和组织的理论体系。我不得不坐下来为我自己寻找一个适用于国际投资决策的纯数学理论。正因为如此，我才开始动笔撰写《国际金融决策》，这样才弄明白我们在 AGA 正在做的一切。正如 Ali Heckscher 经常说的："没有什么东西能像好的理论那样实用。"②

---

①　Gummesson, 1977, pp. 43-72.
②　Carlson, 1983, p. 60.

管理学的学术研究人员要经常与公司或者政府组织一起工作以便帮助他们改善其运作。于是，他们便成了管理咨询师。教授们经常能得到许可，或者是迫于无奈去做每周一次的咨询。他们经常参与调查或者在室内举办研讨会，有时是去做管理顾问。科学家之所以这么做是为了不断洞察与象牙塔迥然不同的现实世界。咨询经历不仅为研究带来了投入，而且为课堂教学提供了鲜活而富有启发性的案例。

学术研究和管理咨询之间既有差异，也有共同点。必须将两者之间的这些差异或者共同点完全揭示出来，以便学术研究人员和管理咨询师都心知肚明。否则，教授们以及其他研究者就有提供低质量的咨询的危险，即使是他们所做的一切都符合学术标准。

有一次对本书的初稿进行讨论时，一位教授一时兴起勾画了一幅素描给我（图1.1）。这位教授用艺术的简洁性展示了咨询师与研究者之间的差异与共同点：咨询师在支离破碎的理论的支撑下致力于解决实践中的问题，而研究者则是在对实践的零星了解的基础上致力于理论研究。

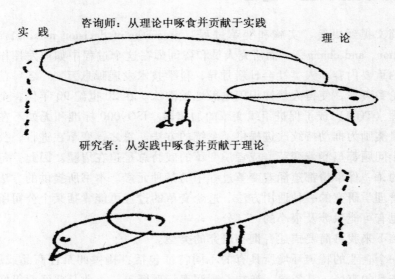

咨询师：从理论中啄食并贡献于实践

实践　　　　　　　　　　　　　　　　理论

研究者：从实践中啄食并贡献于理论

但两者之间具有许多共同点

资料来源：瑞典斯德哥尔摩大学工商管理教授 Paulsson Frenckner 绘制

图1.1　咨询师与学术研究者的对比

尽管许多学术研究者缺乏咨询经验或者不懂咨询战略，但他们仍然希望提高自己在咨询中的知名度。他们认为，通过学术研究得来的知识可以直接应用于咨询之中。正如一位大学教授对我所言,"咨询只是一种更为简单的科学研究形式"。从事咨询的经营人员和经理常常假定,如果将经营经历和某种管理模型或哲学予以结合就可以为咨询提供满意的、有效的操作平台。有时候也会误以为咨询经历只要披上学术外衣就可以轻而易举地变成研究。

现有文献中对研究者和咨询师的角色以及两者之间的相互作用讨论并不多。美国三分之二的咨询师都是各行其是,或者只有一个伙伴或者秘书①,其结果是同行之间的专业接触十分有限。Arthur D. Little、McKinsey & Co.、Arthur Anderson、Boston Consulting Group、Bain 拜恩以及其他大型咨询公司则为知识的积极交流提供了良好的氛围。但是,大型咨询公司的从业人员却通常只与范围极为狭小的咨询同行进行联系。科学和方法论问题理所当然是学术研究人员讨论的主题。不幸的是,这种对话却经常因为对现实世界的投入不足、缺乏实际经营经验或时间而难以为继。

决策、实施和变革过程

前文提到决策、实施和变革过程（processes of decision making, implementation, and change）,而研究人员和咨询师在这个过程中如何发挥作用是本书的重要内容。人类社会日新月异,科学技术发展瞬息万变,各种信息对我们轮番轰炸,使得大量知识闪电般地被淘汰。在 20 世纪 90 年代,全面质量管理（TQM）成了促进组织变革的加速器。ISO9000 标准和无处不在的各种质量奖励为推动持续改进提供了系统的方法。总之,变革在进行,公司的每一个问题都蕴涵着变革,或者说变革的威胁总是迫在眉睫。因此,每一个公司的每一件事情都蕴涵着变革过程中的某种元素。本书所提供的方法可以成为管理学研究的一种通用方法。这个变革的过程可能囊括某个公司所有方面,也有可能只涉及很小的一部分。

接下来我将简要描述咨询和研究的类型。

一个企业的特定环境所具有的不同特征包括:提供的某种商品或服务;这些产品的市场;其资源、架构、利润率、融资等。企业只要经营得好,它与环境和股东的关系就会很协调。但是当"时代处于变化之中时",社会、投资人、职员以及市场的要求就必然不断受到影响,因而要不断地评估和调整。一个企业需要对自身的未来及其希望达到的目标有或多或少的准确感

① Liles, 1989, p8B.

知。要想做到这一点，部分靠经验和直觉，还有一部分要靠系统的方法，譬如统计预测、情景描述、环境分析以及市场调查。一家企业必须能够接受自己的决策所带来的一切后果，并且要保证这些决策的实施与调整能够与环境的变化相适应。

　　变革过程总是具有一定目的性的，换句话说，变革过程就是将企业引向某个特定目标的过程。其中，最基本和最原始的目标就是企业的生存和如何永葆青春。要实现这个目标，管理层必须思考如下问题：

```
┌ + ─ + ─ + ─ + ─ + ─ + ─ + ─ + ─ + ─ + ─ + ─ + ─ + ─ ┐
    ＊公司经营的使命是什么？公司应该如何组织和管理？
└ + ─ + ─ + ─ + ─ + ─ + ─ + ─ + ─ + ─ + ─ + ─ + ─ + ─ ┘
```

　　回答这个问题有许多方式和方法，这些方式和方法中包含一些观念，诸如公司战略、营销战略、组织结构、全面质量管理、业务流程再造、并购、财务管理、编制紧缩、外包、关系营销、全球化以及"绿色"策略。

　　在公司现有的运营框架内经过一个连续的调整过程就可以改变公司的经营方向，还有一些变革可能是一种暴风骤雨的形式，如公司合并、接管、进入全新的生产领域、管理哲学的转变（如从集中营销转向一对一营销），或者运营规模上的变化。公司要想在战略变革上取得成功，就要有能力根据环境的变化重新审视公司的运营状况。变革过程中会出现的大量有待分析的问题，也会引发人际间和情感上的冲突。这些问题可能是出现了新的任务，或者是需要招聘首席执行官，或者是在公司网络内出现了新的权力群和虚拟组织等。

　　一般来说，公司通过扩张、收缩、利润率提高等途径实施变革的目的就是为了生存，但有时候却不得不停业整顿。

　　下面是两个变革项目的例子。

　　例 1①

　　一家公司所处的行业正在经历结构性的危机。利润率不甚理想。公司试图对运营状况进行结构上的重组。我在这家公司的重组过程中做了 18 个月的管理咨询，与各种层面的员工一起密切工作。这个过程大致可以分为以下几个步骤。所谓步骤就是在重组过程中的某个特定阶段相对受到重视的工作领域，这些步骤应该被看作为重复的和并行的过程，而不一定是按照先后顺

---

　　① 详见 Gummesson, 1982。

序进行的。

- 明确经营观念、目标和战略，并作出决策（第一年的 2 月至 9 月份）。
- 提出新的组织架构（第一年的 9 月至 10 月份）。
- 任命高级执行人员（第一年的 10、11 月份）。
- 详细界定经营观念、组织、计划等（第一年的 11 月份和第二年的 3 月份）。
- 开发新的财务控制系统（第一年的 11 月份和第二年的 11 月份）。
- 公司在新的和重组后的运营框架下运转（第二年 3 月份以后）。

例 2

　　一家公司的利润还不错，也正处于扩张之中，但面临的问题是需要根据未来技术的快速变化作出调整。这些变化主要是因为电子工业的快速发展以及计算机行业的膨胀所引发的。为了公司能在未来的市场上生存下来，需要考虑对公司的战略和组织进行变革。我和该公司的 2 000 多名员工一起工作了两年有余，帮助这家公司确立了新的战略和组织。例 1 中提到的几个步骤基本上适用于这家公司，但是在这家公司重点开展了内部营销①的努力。由于这家公司规模大，地域分散，因此实施起来非常复杂。

　　我试图对自己还记得的几种变革过程作了简要描述。这些过程在商业界中没有须臾的停顿。上面两个例子中的工作任务都很泛，还有一些任务的工作量较小，所用的时间也不太长。上述描述也揭示了左右我行动的一些价值判断。但是我的各种工作方法，还有一些学术研究人员和管理咨询师认可的各种方法，在这里我并没有叙述，这将留在书中的其他部分进行。

研究人员的头号挑战：接近实际

　　在我看来，商业研究中的传统方法与实际的接近难以令人满意。接近是指发掘实证数据（现实世界的数据）和信息的机会。研究人员或咨询师完成项目的能力取决于能否获得可供分析和判断的数据和信息。如果来自现实世界的投入本身就有问题的话，即使是使用再先进的技术或者采用计算机辅助的定量方法来处理数据，也会徒劳无功。如果数据搜集和处理的方法十分复杂的话，就不能不考虑一下这句著名的格言："无用的输入，无用的输出"（garbage in，garbage out）。

---

　　① 内部营销是一个相对较新的概念，是将外部顾客营销中的技术和方法用于处理内部市场的人际关系的新思想和新模式，参见 Gronroos，1990，pp. 221-39。

接近对于科学家和咨询师来说都非常重要。这个问题将在第二章中进行专门讨论，并将贯穿于本书的始终。

研究人员的第二大挑战：预知和熟知

预知（preunderstanding）这个概念是指人们在开始研究项目或者咨询任务之前就具备的对某个问题和社会环境的洞察，它是一种投入。熟知（understanding）则是指在研究项目或者咨询任务进行的过程中获得的洞察，是一种产出。这种产出在开始下一个新任务之前又会变成某种预知。

从传统的角度来看，学术研究人员预知的表现形式有理论、模型和技巧；一般来说他们缺乏的是与某个机构相关的知识，譬如有关某个公司、某个行业或者某个市场的状况方面的知识。他们很少有机会将他们的技能应用到实际的公司环境中去。大多数商学院的学术研究人员从未在公司中任过职，在这些公司中需要有领导艺术、敢于承担风险和对结果负责的能力（当然也有例外的情形）。管理咨询师经常能够从某个职能部门或者一般管理中获得丰富的经验。从这些经历中他们能够得到很多与某个或者某几个行业相关的机构知识。

接近实际和预知的问题非常重要。我常常感到失望的是难以获得与某个研究项目相关的信息。另外，无论是学术研究人员还是咨询师都无法透过事件的表面。在开始与某个公司工作时，我个人的经验是很难熟知该公司和该行业所处的经营文化，譬如员工的价值观、商业术语、一般流程规则以及非正式组织。因此，如果我对问题和项目环境的预知范围越广的话，我对研究项目所作的贡献就会越多。

预知的弊端在于有可能对获得新信息和创新形成障碍。这也是为什么推理研究和假设检验研究对这个问题很关注的共同原因。关于这个问题将在后面的章节中予以讨论。

研究人员的第三大挑战：质量

选择什么样的标准对研究和咨询质量进行评价受个人价值观的影响。因此，评价标准的可选范围就很宽。在某种程度上，对研究成果评价的标准不同于对咨询工作的评价标准。研究者必须能够证实他们的研究成果，提供一种能够让读者进行论证和据此得出某种结论的报告。研究人员所用的方法至关重要。从另一个方面来看，方法论问题和报告的撰写对于咨询工作的评价而言则位居其次了，而咨询师能否提出行得通的建议和引发变革的能力却更为重要。

研究和咨询工作质量的评价标准有些还很含糊，如可靠性、有效性、客观性、相关性等。不仅评价标准的选择十分武断，而且如何对评价标准赋予权重，然后将它们叠加起来形成最后的评估结果也很困难。随着时间的推移，我在阅读大学教授、期刊审稿人以及晋升委员会对研究孰好孰坏的评论时愈发变得谨慎起来。作为一位学术上的裁判，一个人往往很容易成为某个方法论或者某个能左右你对现实的看法的流行理论的牺牲品。

在经营和管理的历史长河中，受新潮方法和管理技巧牵制的例子不胜枚举。在过去的数十年里，形形色色的思想流派都把自己标榜为定量的，统计方法似乎成了唯一真正科学的方法；运筹学研究（甚至被称为管理科学）对于企业决策来说就好比天赐之物；被冠以"敏感性训练"和"T型小组"① 的精神病学和社会心理学方法似乎变成了可以包治一切组织内部关系问题的妙方；管理信息系统（MIS）好像可以把管理变成通过计算机处理的简单练习；正规的长期规划系统似乎可以为未来提供一条毫无风险的快速通道；什么东西都好像只是一种流程；或者反过来说任何事情都可以被称某种结构。

最新的经验也证实了这一点。目前，关系和网络，还有知识型、虚拟型或者幻想型组织成了当下的时髦用语。此类流行的话题也频繁地出现在管理咨询师所提供的对策建议中。

这些方法在处理某个具体的现实问题的某个方面时或许行得通，如果应用得当，它们也有可能产生富有价值的观点和结论。但是，如果人们标榜自己的方式放之四海而皆准，或者他们的质量比任何别的形式的研究或咨询都要好的话，那么他们则是错误地把缜密的研究当成了知识的樊篱和时髦的原则。

把研究和管理咨询结合起来就是行动研究（action research）或者行动科学（action science），管理咨询则要在决策、实施和变革过程中进行某种干预。然而，要想分别确立研究和咨询孰好孰坏的评价标准，以便同一个人承担两种角色时既能让学术界满意，又能让企业界满意，是不可能的。

本书的第五章将讨论质量问题。

个人价值观和科学价值观：范式平台

本书强调研究者的基本立足点——绝对的——和方法选择之间的相互作

---

① T型小组即培训小组，旨在拓展团队的进取精神和互动意识。

用。有人称构成宇宙的基础就是"绝对中的绝对"，即有人所称的"神灵和纯意识"①。我对这种存在不持异议，但不幸的是，很少有研究者能够达到如此令人陶醉的境界。因此，在当今的研究实践中，"绝对的平台"只可能是一种主观选择。在一种主观性的平台上做出的研究，其"客观性"就只会参差不齐了。大多数科学家只会应用已经"得到验证"的方法，却没有意识到他们的活动基础就是主观性的。这样的科学家算不上真正的科学家，他们只是一些技巧大师。依我看，大学世界里的大多数"工作者"还只是停留在"技师"阶段。

由于缺乏接触世界的"绝对真理"，我们就凭借社会共识创造一种绝对的参考点，即范式（paradigm）。

范式的观点是由 Thomas Kuhn 在 20 世纪 60 年代早期提出来的②，这里用来代表人们的价值判断、规范、标准、参考范围、角度、意识形态、谬论、理论以及用来指导人们的思想和行动的经过验证的流程。早在 Kuhn 之前 25 年，Fleck③ 用一个类似的词语"思想风格"来定义共同的价值观和思想，这些价值观和思想经常被科学家们不知不觉地当成了"绝对的真理"。追溯到公元前 250 年，就像希腊数学家和物理学家 Archimedes 所呐喊的："给我一个支点，我就可以撬动地球。"

从科学的角度看，一种范式包括一个研究人员对应该做什么和如何做的个人感知。换句话说，研究人员感兴趣的研究问题是什么以及他们将运用什么方法来解决这些问题？例如，科学界现在把天文学看成为科学，而把占星术和算命则看成为骗人的把戏或者至少是非科学的。

学术研究人员和咨询师各自具有的基本前提、价值判断和运作模式可以分别被称为科学范式和咨询范式。科学范式不同于咨询范式，但两者之间也有重合，如图 1.1 所示。

实证学派（即传统的自然科学学派）和人文学派两种哲学学派对范式的问题讨论正好相反。两种学派提出的名词术语可谓五花八门，尤其是人文学派。为了避免混淆和繁杂，人文学派后来把它称为解释学（希腊语 hermeneuien，解释的意思）。两种学派对工商管理都有影响，尽管学术界更倾向于实证范式，其代价是对解释范式的冷落。

---

① 见 Orme-Jonson，1988；其组织中的应用见 Gustavsson，1992。

② 见 Kuhn，1962，评论见 1970 年版，pp. 143-69。参阅 Lindholm，1980，pp. 21-64；Tornebohm，1983，pp. 349-50；Arndt，1985，pp. 14-16。从客观角度讨论个人价值观对研究的意义参阅 Myrdal，1970。

③ Fleck，[1935] 1979.

在某种程度上，研究人员和咨询师对个人的考虑要比对某个科学方法或者客户所面临的问题的考虑要多。例如，咨询师可能为了购买更加时髦的小轿车而希望卖出更多的咨询方案，而研究人员可能为了在某所威望很高的大学获得终身教授的职位而选择某种投机性的方法。这些动因也是范式的一部分，也影响着研究者和咨询师的行为。

Kuhn 提出的"范式"一词有 20 多种解释①，尽管他本人把这些归因于语言上的不一致②。不管怎样，本书对"范式"一词赋予一种特定的意义，而不能与人们日常谈话中常用的词汇相互混淆。

范式与现有的科学基础以及科学中革命性的发现和变革密切相关。权威的科学范式受到挑战时，范式就会发生转变，科学范式的周期就改变了。当我们个人的范式受到攻击时，我们可能会感到受到威胁或者会产生兴奋——我们"立身之地"正在被攫取，于是通过增强防范或者坦诚地接受新的地位进行回应。中央集权式的计划经济的崩溃就是一种范式上的急剧变化，对于全球商务的影响将非常久远。Capra 的个人哲学传记《非同寻常的智慧》（*Uncommon Wisdom*）很好地讲述了个人范式转变方面的故事。③ Capra 当初是一名物理学博士，却发现将传统的自然科学范式在社会中应用时存在许多缺陷。

Argris 和 Schon 采用与这种思想进行类比的办法，把两个观念用到公司的学习中：

> 单向学习（single-loop learning）就像一个恒温器，当它觉察到过冷或者过热的时候就会把制热打开或者关掉。恒温器之所以能够承担这项工作，其原因在于它能够接收信息（室内温度）并采取纠正行动。当问题一旦被发现和得到纠正时，会引发组织现行的规范、政策和目标上的改变，双向学习（double-loop learning）就出现了。④

换句话说，单向学习只会在现有的范式内发生，而双向学习则需要新的范式。在通常情况下，公司就像恒温器一样运行；在资金、技术和竞争条件

---

① Masterman, 1970.
② Kuhn, 1970, "Postscript-1969", p. 181.
③ Capra, 1988. "关于自然科学与社会科学范式上的冲突及如何整合的讨论"参见 Zukav, 1979; Bohm, 1977, 1980; Capra, 1982, 1984; 和 Davies, 1984, 1987.
④ Argyris 和 Schon, 1978, p. 3.

发生重大变化时，就需要进行一些根本性的改变。这就需要对公司的经营使命、目标和战略进行审计，接下来则需要对整个公司、新的领导和新的控制系统进行重组。在现有范式内进行微调或者通过范式的转变进行重大变革都是研究者和咨询师应该关注的问题。

学术研究人员有必要对他们的个人价值观作出合理的解释，至少是对自己而言。咨询师同样有必要与他们的客户共享他们的价值观。Tornebohm 指出"研究人员对自己范式越明确，就能把研究工作做得越好"。① 还有一位作者在谈到被无形中超越的感受时说："不知不觉中，我们已经秉承了一种观察方式，这种方式使我们难以发现自己的出发点……我们非常愿意盘问思想过程中的每一个细节，却不愿意思考这个实际过程本身。"②

实际上，左右个人和组织的范式并不容易识别出来。这种范式变成躲在司机后面指挥其驾驶的后座乘客。Polanyi 提出了默会知识（tacit knowing）③这一术语，其意思是我们对事情很了解，也知道怎么去做，但实际上却无法解释如何去做。我的法语教材中有一句令人沮丧的话："在法国即使是小孩都能讲流利的法语。"他们当然会讲法语，但是他们却无法清楚地解释法语的结构和语法。这只是一种默会的认知图。

还有一种风险就是，我们往往会自我欺骗或者欺骗他人去相信已经识别出了我们的范式。④ Argris 和 Schon 提出的行动理论中有两个基本观念。⑤第一个观念是信奉的理论（espoused theory），即我们声称的思考和运作的方式；另一种理论是使用中的理论（theory-in-use），即我们实际思考和行动的方式。例如，一家咨询公司可能在它的广告和促销中声称由具有丰富经验的高级咨询师指导咨询任务（信奉的理论），而实际上负责咨询的则是一些缺乏经验的愣头青守在那里（使用中的理论）。这可能是一种蓄意的欺骗，但更有可能是因为咨询公司的管理层对于实际使用的理论缺乏了解。他们可能生活在神话中，也就是"深深地嵌入到我们的意识中的一种思维方式，以至于难以看到……一种把世界看成没有问题的理解方式，我们并不完全明白，一切都似乎是自然而然的"⑥。基于同样的思想，Habermas⑦ 指出社会

① Tornebohm，1976，p. 37.
② Arbnor 等人，1981，p. 91。
③ Polanyi，1962.
④ Myrdal，1970，p. 52；Lindholm，1980，p. 51；Molander，1983，p. 198.
⑤ Argyris 和 Schon，1974，pp. 6-7。
⑥ Postman，1985，p. 79.
⑦ 源于 Habermas 在 Kalleberg 书中的相关讨论，1972，pp. 121-31。

科学家最重要的任务就是做一个拯救者：把我们自己从一种长期以来认为既定的和固定的条件和依赖中拯救出来。他将这个过程与 Freudian（弗洛伊德）的心理分析相联系，在这个过程中就是要将个人潜意识里的动机暴露出来，从而使他们能够获得对其行动的控制能力。

如果学术研究人员明白自己的范式的话，那么一开始就对这些范式加以讨论自然就非常有意义了。① 然而，人们总是假定范式是静态的，在整个项目研究的过程中不会发生任何改变。对我来说，很明显的就是我在着手撰写这本书的时候，我只是部分明白我自己的科学范式。当然，我的范式在研究的过程中也肯定发生了变化。出于人本主义的传统，随着本书的逐步展开，我会把自己的范式尽可能坦白地展现出来。这种展现是通过我对不同问题所表达的个人观点而实现的。有时候，这可以解释为闲聊式的，但并不是说以自我为中心。我决定冒险将我的某些思想、论点和例子简略和有条有理地表达出来。如果缺乏条理的话，读者所看到的可能是更加完整的研究过程和我自己的结论。

科学是一个历程，而不是终点

科学究竟是什么，这还不是很清楚，也有人声称自己知道。在我看来，那些声称自己知道什么是科学的"科学家"并非真正的科学家。他们停止发展，他们的探索也终止了。他们不再从事"re-search"，即重新探索。

科学就是不停的探索；它是在不断地产生理论、模型、观念和范畴。把研究看成一个历程，在这个历程中每一个项目代表着某一站点，每一份报告则是新的探询的起点，这是实在论的观点。这听起来似乎微不足道，但是却常常被误解。Sherlock Holmes 故事中的有些话——具体哪一句我记不清了，在某一时刻对于我来说就是一种研究的理想。在完成关于蜜蜂行为的研究工作时，Holmes 说这是关于该题目的最后一项工作，没有什么可以再做的了。

我在研究科学学理论以及经营与管理研究的方法论时，与 Holmes 相比，我自惭形秽。我经常受到中国魔盒的提醒。当你打开一个盒子的时候只是为了打开下一个盒子。坚持不懈地继续下去也许能够将魔盒的尺寸减少到可以忽略不计的某个点上。但是，我感觉自己总是从最小的盒子开始接近世界，当我打开一个盒子的时候，却发现自己置身在一个更大的盒子里。问题总是在不断地增加。与此同时，发现的过程确实是令人激动的；越来越多的讨论

---

① Myrdal，1970，p. 52 和 p. 58。

科学理论和方法论的书带来的是切切实实的挑战。

我在阅读芬兰哲学家 George Henrik Von Wright 的一本著作及其书评时①，从中得到了些许安慰。在他 70 多岁的时候，Von Wright 对他的一些哲学智慧作了一个总结，并对科学的作用进行了激烈的争论。尽管他毕生致力于科学哲学的研究，而且在国际上享有盛名，但是 Von Wright 还是受到了这样的指责：对自己的研究领域掌握得很有限，而且漠视他人。

本 章 小 结

本章对后面几章中用到的和即将讨论的观念和思想作了介绍。第二章将论述通过不同的角色接近实际，第三章论述预知和熟知。第四章讨论了案例研究法的问题以及针对案例研究法的反对意见，重点探讨行动研究方法。第五章论述了科学范式和咨询范式，以及用来评价学术研究和管理咨询的质量的标准。第六章对管理行动科学范式进行了阐述，并对本书的贡献作了概括。

原书中各注解对应的参考文献本来列在各章的后面，但在译本中按中文表述习惯改成了脚注；原书的最后列出了参考文献目录以及词条与人名索引，译本中只保留了参考文献部分。

---

① Von Wright, 1986.

下面若干行内容被遮挡而难以辨认，仅作省略处理。

第二章　接近管理实际

接近实际被视为研究人员的头号挑战。接近（access）是指能够靠近研究对象并能实实在在地发掘正在发生的事情的能力。虽然接近的问题很重要，但与之相伴的困难在管理研究中却经常被忽略。学术研究人员和管理咨询师在进行某个课题时能够接近数据和信息的机会如何，将是本章讨论的重点。

本章第一部分阐述了讨论接近问题的原因，然后讨论与不同角色相关的接近问题。

为什么要讨论接近？

本章将探讨如下几个问题：

- 研究者和咨询师如何接近公司的内部流程？
- 他们对接近的满意程度如何？

我将用两段对话来讨论这些问题。

下面第一段谈话是我与一家总部设在欧洲的大型跨国公司的高级营销执行官共进午餐的时候进行的。下面用 E 代表执行官，A 代表作者。

E：某类教授又从美国来了，想就战略问题访问我们。他带来了一份长长的问卷调查表，其中列出的问题涉及 50 个因素。他想搞清楚当我们决定进入新的市场的时候，哪些因素是重要的。

A：这些因素是什么？

E：都是一些常见的东西，如市场潜力、竞争、政治稳定性等。

A：你是怎样回答的呢？

E：哦，你知道，你只要把这份清单浏览一遍，从中间勾出一些因素，让他看些营销计划，然后再打发他去见见其他人。我都不知道他从中能得到些什么。

A：你好像对他的这个研究不够热情。

E：不，实际工作中情况并不是这样的，对吧？让我告诉你我们是如何决定进入拉丁美洲市场的。我们四个人在纽约吃晚饭的时候坐在了一起——一名部门经理，研发部门的副总裁，一个部门的头头，还有我。我们坐在那里，并就这个问题进行闲扯，却无法达成一致意见。最后我们不得不进行投票，结果两人同意，一个人反对，还有一个人未做决定。好吧，事实就是这样，我们还是进去了。接下来的那个星期四两个人就飞过去看看形势如何。

A：那你把这一点告诉那位教授了吗？

E：当然没有！他会认为我们不够严肃的。

这段对话清楚地表明了接近的困难。这位研究人员所采用的方法并没有能够设法让这家公司讲出他们是如何做决策的。

下面这一段是我在担任管理咨询师的时候和一家正身陷危机的公司的董事之间的对话。这名董事不仅代表公司的所有方并行使其权力，还承担着咨询的角色，负责向管理层以及拥有这家公司的政府提出建议。许多学术研究人员和专业的管理咨询师也同时担任着董事会成员的职务。以下用 D 代表董事，A 代表作者。

A：你是如何发现公司的进展的？

D：我与他们保持联系，并经常去公司检查。

A：你最近一次去公司是什么时候？

D：哦，我最近没有时间。大概是好几个月以前吧。

A：你每次访问时间一般有多长？

D：大约一天半。

A：噢，你这样不就只有时间与首席执行官或者其他高级经理见面了？

D：啊，不！我和各个层面的人员接触，还包括工会联合会的会员。

A：你认为你发现了公司的什么问题没有？

D：是的，所有重要的事情。我感到自己已经和公司的首席执行官和工会联合会的会员们都建立了良好的接近。他们和我谈话都很直率。

虽然我在这家公司咨询几乎是全日制的，但我还是用了几个月的时间才和公司的职员建立了一种开放性的工作关系，对公司才有了充分的了解。这位董事只需要偶尔到公司作些简短的访问就足以与公司建立起开放的和信息畅通的联系。我只能说，这位董事对公司的接近是有限的，那么他对公司的了解程度只能是不充分的。

20 世纪 80 年代末期，Fermenta 公司丑闻被披露后，外部董事能否接近公司的问题才在北欧引起重视。Fermenta 公司是一家生产普通青霉素的国际厂商，据说它生产的这种成熟产品比竞争对手的成本效益都要好。公司扩张得很快，而且成为新闻媒体和股票市场的新宠。公司在股市上的价格一路飚升，直到后来有一位环境保护主义者和一名会计师对 Fermenta 公司的资产和运营实际情况予以揭露后才引起人们的怀疑。Fermenta 公司的总裁将这些情况对董事会成员隐瞒了好几年，而这些董事会成员都是一些大型公司的德高望重、资历丰富的经理。董事会既没有接近实际的决策过程，财务报告人员也没有泄露事件的真实状态。①

我想这些董事/咨询师对公司浮光掠影的了解真是有点离谱。在前面的第一段对话中也可以发现，学术研究人员很容易受到这类缺陷的诱惑。

大型跨国联合企业 ITT 的前任首席执行官 Harold Geneen 的例子可以很好地说明接近实际的困难有多大。商业世界一直有个令人困惑的问题："日本是如何做到在 1970 年和 1980 年期间征服全世界的电视机、收音机、小轿车以及其他产品市场的？" Geneen 对西方世界对日本式的管理的解释评论道："在日本的观察家们可能能够听到有关日本习俗的解释，也可能耳闻目睹日本工厂里的小组讨论、歌唱声、欢呼声和笑脸，但我纳闷的是他们能否看到日本人是在哪里作出决策的呢？"② 一位日本商人③告诉我凡是到日本访问的西方人都会提这样的问题："你们是怎样作出决策的？"他声称，虽然日本人能够使决策的过程"生机盎然"，而且也知道他们是如何工作的，但是日本人却很难把微妙的决策过程用言语表达出来。尽管日本人的回答表面上看来可能有些价值，但是他们的答案可能不明确。参观者不可能通过直截了当的提问而得到真正的了解。

管理中的学术研究需要直接面向应用，这使其目光短浅，成为流行和应景课题的牺牲品，因而缺少普遍价值，而且对经营执行层的依赖使得学术研究缺乏自主性。在两篇不同的文章中，Whitley 和 Warneryd 讨论了管理的学术研究在科学中的地位。Whitley 列举了管理的学术研究中存在的问题：

---

① Fermanta 案例参阅 Kapstein，1987；详细分析见 Sundqvist，1987，以及 EI-Sayed 和 Hamilton，1989。

② Geneen，1984，p. 18.

③ 据 1986 年 11 月在斯德哥尔摩与 Takahiro Miyao 教授的一次讨论。

研究中的接近因为经常受到那些只对结果感兴趣的守门人的控制而面临诸多实际约束，这些约束致使管理研究直接面向实际，而缺少社会和知识方面的自主性。与其他领域相比，实践者的目的、感知和信念会更加直接地掺杂到研究目标的形成和评估标准中；由于非正规的研究人员比例更大，也大大削弱了大学对研究实践的控制。研究开始变得更加趋炎附势。研究选题只能追随实践者所关心的流行题目，研究关注的是某个情景，而不在于学术方面的目标，也不是为了寻找能涵盖更大范围的一般社会过程。①

Warneryd 也认为科学应该具备"更加宽广的目标，而不是仅仅局限于为某个具体的公司提供只适用于某个特定条件的决策材料。换言之，它应该以创造知识为主，而这些知识至少在某种程度上应该具备普遍意义"。②

我个人认为，上述作者实际上讨论的是学术研究者和管理咨询师的两种不同角色：那些更倾向于从事管理咨询的学术研究人员本身还是一名学者。另外还有一个问题是，研究人员由于对经营生活的接近过于肤浅，他们可能没有意识到有些选题早在 5 年、10 年甚至更长时间以前就已经出现了，有些题目甚至存在了数十年之久。此类例子里在服务业中可以信手拈来，譬如因为服务对经济的影响，服务管理、服务营销、服务质量这些问题的大规模研究出现于 20 世纪 80 年代，实际上这些问题在此前 20 年、30 年甚至更早以前就应该开始了。另外一个例子是关于质量管理的，在此领域西方世界已被日本远远地甩在后面。西方产业部门的质量革命早在 20 世纪 70 年代就开始了，但大多数商学院直到 20 世纪 90 年代才意识到这个问题的重要性。波士顿咨询集团（BCG）的创立人 Bruce Henderson 声称"咨询师的创造性机会比其客户和学术人员都要高。客户受到他们自身历史、文化和信念的束缚"。他进一步强调近距离接近研究对象的重要性："学术人员可以搜集数据，但是他们对实际问题接触不够，无法系统地审视从而从中得出概念性的洞见。"③

我个人的观点可以概括如下：

● 必须将研究与咨询之间的特征区别揭示出来。

---

① Whitley, 1984, p. 375.

② Warneryd, 1985, p. 11.

③ Henderson, 1984/85, p. 11.

- 研究人员和咨询师都很难接近他们希望考察或施加影响的变革过程。
  由于难以接近,他们对问题的了解也不够。
- 因此,有必要调查咨询师是否能对学术研究作出贡献,或者反过来将
  学术研究与管理咨询孤立起来。①

当然,如果接近只是停留在单纯的个人访谈或发放问卷调查表上面,就
没有讨论的必要了。在连续接近的情况下,接近曲线可以用图 2.1 表示。图
中曲线表明,研究资源合理的投入有可能产生接近大量数据的机会,这一点
非常直接和经济,有可能产生帕累托优化效应,即符合 80/20 规则:获得
80% 的信息只需要很少的一点努力,而剩下的 20% 则需要大量的资源投入。
但是,我个人认为接近呈跳跃式的发展,它是研究方法的精密度和所用时间
的函数(见图 2.2),研究方法和研究者/咨询师的能力在其中起着决定性的
作用。

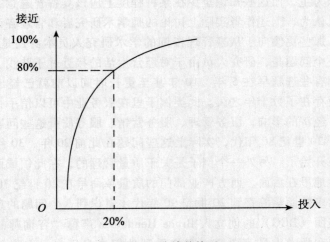

图 2.1　连续的接近

有关科学研究和咨询的文献中,很少讨论接近这个概念本身。我发现
只有一本书探讨过接近这一概念。② 该书含有大约 30 个描述性案例,读者
可以在其基础上自行得出结论。在书的开篇当中,作者们论述了一系列有关

---

① 此方法类似于 McGivern 和 Finemann 于 1983 年对 66 名英国研究人员与咨询师
的研究中所用的方法。
② Brown 等人,1976。

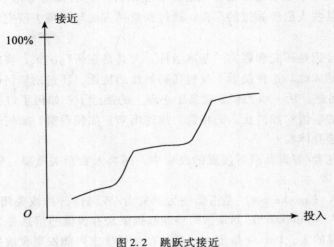

图 2.2　跳跃式接近

接近问题的系统方法。① 他们认为接近可以从感兴趣的三方各自所在的角度来讨论接近：研究者、研究主题以及研究的消费者。② 要想对研究进行评估，研究成果的消费者必须明白接近是如何发生的，而且还要能对所用的研究方法的优势和劣势进行评估。作者们坚持认为接近的问题在研究报告中还没有得到解决。③

几位作者讨论了三种接近：为项目筹资接近金钱、接近系统（如待研究的组织）、接近系统中的个体。④ 我想把最后一种接近中的对立面增加进来，即系统以及系统中的个体与对研究人员/咨询师的接近。有些人愿意提供信息，但有时却不会被研究人员/咨询师选中。

Taylor & Bogdan 提出了三种接近类型：接近组织、接近公开和半公开的设施以及接近私有设施。⑤ 这三种接近主要是与实物接近有关的公开方法（overt approach）：如何获准访问或在某个设施中逗留。另外，有一种隐蔽性（covert）的研究方法可能会引发一些伦理道德方面的问题。⑥ 如何才能悄

① Brown 等人，1976，pp. 7-36。
② Brown 等人，1976，pp. 11-13。
③ Brown 等人，1976，p. 15。
④ Brown 等人，1976，pp. 12-14 和 21-36。
⑤ Taylor 和 Bogdan，1984，pp. 20-25。
⑥ Taylor 和 Bogdan，1984，pp. 28-30。

悄地潜入某个不受欢迎的场合？是否就能以科学的名义窃听他人的住宅呢？
或者就像某些人已经做过的那样，通过翻看别人的垃圾桶去研究消费者行为
呢？

实物接近是研究和咨询的基本条件，尤其是在研究决策、实施和变革的
过程时更是如此。这种接近不仅包括初始性的接近，还包括如何确保连续性
接近①的问题。后一步的接近就属于心理上的接近了：如何了解在该场合中
具体发生的事情？如何让人们将它们描述出来？如何观察？如何通过研究者
的参与去亲身体验？

在研究者/咨询师获得接近的过程中，两类人物至关重要：守门人和信
息提供人。②

守门人（gatekeeper）是指那些为研究者/咨询师开启或关闭大门的人；
信息提供人（informant）则是指那些能够提供富有价值的信息并为与他人联
系扫清障碍的人。Barnes 指出：一名"社会科学家可能发现设法接近自己希
望见到的人的过程就和为研究获得经费支持的过程一样费劲和冗长。"③ 调
查记者 Ake Ortmark④ 生动地描述了他在拜访了 Rockefeller 家族的所有其他
重要成员后，又是如何设法接近实业家和投资人 David Rockefeller 的。他充
分利用一些有影响的人的介绍，亲自去 David Rockefeller 的办公室拜访过数
次，而且总想通过电话与他取得联系。这种情况持续了好几年。这些守门人
都是一些为了保护 Rockefeller 的助手、公关人员和秘书。Ortmark 好不容易
获得与 Rockefeller 见面半个小时的机会，但不幸的是这位大人物没有说出任
何相关的东西。但是，与实物接近的问题就少多了，而且有时候人们甚至会
不经意地把你拽进这种场合中。

你需要对他人进行访谈，而这些人通常被称为被访者、受访者或者信息
提供人。但是，你也需要从信息提供人那里获知那些将要访问或观察的人身
在何处。如果没有一位高效的和乐善好施的信息提供者的帮助，你会在一个
不熟悉的环境中不知南北。

在本章的后面部分，我将分别从研究者/咨询师所能采用的不同角色的
视角来讨论接近。这些角色与研究方法密切相关。

---

① Kulka, 1982, p. 50.
② Taylor 和 Bogdan, 1984, pp. 20-27。
③ Barnes, 1977, p. 8.
④ Ortmark, 1985, pp. 133-38.

角色

与公司及其员工的接近可以采用不同的角色。接近的路径可能有三种：通过研究者角色、咨询师角色，或者雇员的角色（包括董事和所有者）。研究可以采用三种形式的角色：传统的学术研究者、研究者/咨询师，以及研究者/雇员。

传统的学术研究者是指那些隶属于某所大学或者类似的机构，从事一定的科学研究并经常承担一定的教学任务的研究人员。他们的参考文献主要来自学术资料，本学科的知名权威、教授或其他研究同仁、学生以及从自己的研究中获得的经验。

如第一章所述，咨询师这一术语主要是指那些关注企业经营问题的管理咨询师。一般情况下，他们曾就读于某所商学院，或者以及学习过社会或技术科学。在担任管理咨询的角色之前，有些人曾有过几年经商的经历；有些人可能刚出校门就被某个咨询公司聘用。咨询师获取参考资料的来源主要是咨询界以及客户企业的员工。

经营学科的大学教授也经常会参与管理咨询，这是他们增加收入以及获得研究经费的途径之一，这也有助于研究人员获得企业的第一手经验。除此以外，咨询角色为研究创造了传统研究人员一般无法获得的机会。

学术研究者、教育工作者以及管理咨询师的角色并不明确。例如，畅销书《一分钟经理》（*The One Minute Manager*）的作者之一 Kenneth Blanchard 在书中提到了他的三种职位①：

> 他正在担任 University of Massachusetts, Amherst 的领导学和组织行为学教授。
>
> 他已为 Chevron，洛克希德，AT&T，假日酒店，青年总裁协会（YPA），美国空军以及联合国教育、科学与文化组织（UNESCO）等大型公司和机构提供咨询。
>
> 他以一名管理咨询师的身份，在全国范围内举办讲座。

---

① Blanchard 和 Johnsen，1984，p. 110。

　　下面讨论到的角色和方法我本人都曾经历过，对它们的了解光靠书本是远远不够的。如果研究者/咨询师只是停留在"二手熟知"（参见第三章）这个阶段的话，他们的知识将只会局限在对原理的思考和一种浅表阶段。研究者/咨询师将某种方法应用到一系列特定情况中就可以提高个人的洞察力，这也有助于他们形成更加公正的判断力。

　　商学院推崇的传统学术研究方法包括案头研究（desk research）和现场研究（field studies）。案头研究依靠现有的书面材料，现场研究则靠调查技术去获得实证数据。调查采用问卷调查、访谈法以及定量数据处理方法。通过这些方法，研究者先要建立一系列的假设，而这些假设需要通过实证数据加以检验。

　　我个人认为这些方法只能用来分析企业内部过程。要是每一种方法都只能各行其责的话，对决策、实施和变革过程的研究就只能是支离破碎的和机械式的，这样就很难为读者提供足够的信息，而且容易使他们产生误解。这些方法可以用来分析结构性较好的问题中的某个片段，但是无法对战略变革和重组进行研究。传统的学术研究者可用的所有方法中，定性（非正式的）访谈和观察为他们研究过程提供了最好的机会。尽管这些方法越来越得到认同，但是它们在管理学中还只是被看作部分科学的方法。研究者/咨询师能够向前跨出的一步是采用参与观察法（participant observation），这也是人类学家采用的最主要的接近方法。最先进的一步应当属于行动研究/行动科学方法。这种定性方法将在后面章节中予以讨论。

　　我现在想借用冰山的比喻来更深入地讨论研究人员和咨询师可能采用的角色（图 2.3）。冰山露出水面的只是其整体的 10% 到 15%。当从上往下俯瞰一个公司时（经济学家在直升机上的观察），研究人员/咨询师如果只能看到那些浮出水面的部分时，他们能感到舒服吗？他们对通过与员工的问卷调查和个人访谈——社会科学中最常用的调查技术——获得的接近会感到满意吗？通过这种接近他们只是在冰山上甚至是山尖上踏上了一只脚。他们是否应该潜到水面以下，争取更多的资源，参与得更深一些以便更靠近剩余的85% 到 90% 呢？回答这些问题非常简单，但是传统习惯和接近的方法只是停留在表面，使得其他部分"不为研究所用"。

　　如果研究人员/咨询师两者相互结合的话就可采用更多的角色和接触方法。专家咨询（expert consultant）和过程咨询（process consultant）的区别很大。① 专家咨询通常是指借助古老的医生—病人模式。② 按照该模式，医

---

① 参见 Schein, 1969, pp. 4-9。
② Tilles, 1961, pp. 90-91.

生，这位全能的专家，就会告诉无知的病人该服哪种药。同样道理，专家研究者/咨询师先诊断孰对孰错，然后再开处方。Schein 认为："这种模式缺陷很多。"① 其中一种困难就是人们允许研究者/咨询师接近他们所需要的信息时会很勉强。另外，信息还有可能被扭曲。最后，客户有可能并不相信研究者/咨询师的诊断而拒绝接受他们开出的处方；还有可能出现另外一种完全不同的方式：专家们怎么说他们就怎么做，而不是主动地参与进去并对该过程有所贡献。这是一种线性的、单向的关系（one-way relationship）。

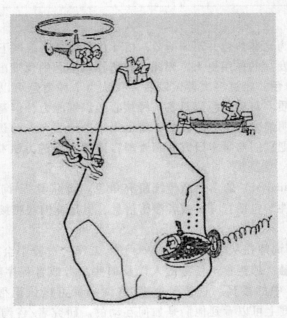

图 2.3　冰山之喻

　　相比之下，在过程咨询中，客户与研究者/咨询师建立起一种互动的关系（interactive relationship）。研究者/咨询师变成了接生员，负责帮助客户接生孩子。过程咨询师设法帮助客户通过自我诊断和自我介入的方式将其自身拥有的资源释放出来。研究者/咨询师就成为了介入者或者推动者。这种方法建立在这样一个假设基础之上，即假定客户所在的组织内存有可用于行动和实施变革的资源②，可能根本上就不需要研究者/咨询师具备某个或者

① Schein, 1969, p. 6.
② Schein, 1969, pp. 134-35.

某些管理职能方面的专长。Schein 个人的意见是：

> 过程咨询师在解决某个具体问题时可能很擅长，也有可能并不擅长……这类专长可能还没有客户参与自我诊断的技能重要……如果允许我对销售、营销或者生产中的某个具体问题产生兴趣的话，我宁愿从过程咨询的角色转向专家咨询的角色。一旦我成为专家资源，我发现自己作为一名过程咨询师的效果就荡然无存了。①

我个人认为这些角色并不矛盾②，相反在某种具体条件下一种角色可能比另一种角色发挥的作用更大。因此，我选择从不同的角度出发去探讨研究者/咨询师的角色。经过多次尝试以后，我认为 7 种角色可以概括出研究者和咨询师的本质。每种角色都具备一种核心的识别能力，但是各种角色之间的界限却并不明显，对角色内容的界定也很难得到所有人的认同。③ 我在讨论角色时将会把它们与学术研究者和管理咨询师所用的方法相联系。(见表 2.1)

分析者（analyst）的角色是传统研究角色。研究者/咨询师尽管能够接近一些重要文件，包括官方的或者涉密信息，但是他们很难接近某个战略或者组织过程。

研究者/咨询师在从事项目（project）④ 工作的过程中会与某个或者某些群体发生接触：那些参与任务的人以及那些参考或者程序委员会（steering committee）中的委员。这样研究者/咨询师就可以认识很多公司员工，并且在一定程度上可以看到他们是如何互动的。研究者/咨询师还可以更近距离地接近研究问题及其社会背景。项目工作有时是非常正规化的，而且可能只是浮在表面。研究者/咨询师还会冒着风险采用一些策略性、变通的方法，比如回避一些敏感的问题。

---

① Schein, 1969, pp. 7 和 103。

② McGivern 和 Finemann（1983，p. 429）。用权变咨询师这一概念说明咨询工作中没有一个确定的最好方法。Asplund 和 Asplund（1982）主张将过程咨询和专家咨询加以整合。

③ 有关咨询师角色的其他讨论参阅 Hildebrandt，1980；Johnsen，1980，pp. 11-17；Lindberg，1982，pp. 25-28；McGivern 和 Finemann，1983；Schein，1995。

④ 在本章中，项目（project）一词系一般意义上的各种研究课题或咨询项目。

表 2.1　　　　　　　　　　　**研究者/咨询师角色的特征**

角　色	特　征
分析者	知识工作；由个人或者群体完成；工作期限从短暂到几年不等；偶尔去公司参观；习惯于经常访问其他群体，如顾客和供应商；大量案头工作；撰写报告是必要的工作。
项目参与者	知识工作；团体工作；正式地列出参与者名单和会议时间；项目时间短则数月，长则几年；偶尔或者经常去公司参观；经常在会议上发表报告；书面备忘录；偶尔提交书面报告。
催化剂/ 诊疗专家	知识工作，但侧重于人际间关系和情感状态；基于经验和判断；与某个个人或者少数几个人进行讨论；可以在公司里工作几个小时也可能承接期限较长的任务。
OD 咨询师/ 干预者/ 门诊医师	行为科学方法，这种方法将人际间关系和情感状态与知识分析相结合；避免、力戒发表专家建议；任务在时间上很分散；偶尔或经常去公司参观；时间主要花在培训和发展部分。
变革代理人	任务可能包括前述角色的全部或者只是一部分；在实际情况中有义务提出专家建议；强烈的行动导向；在几个月内和几年内都积极参与；定期在公司住上一段时间。
外部董事	具有法律地位和责任的职位；同时为股东和公司管理层工作；担任催化剂和决策者的双重职责；任职时间可能很长，但是每年只在少数几个场合发挥积极作用。
聘用管理人员	在公司中担任某个流水线管理者或者工作人员；6 个月到两年的工作期限；可能承担前述所有角色；很容易受日常事物的羁绊；居住在公司。

　　作为催化剂（catalyst）或者诊疗专家（ therapist）的工作就是努力履行顾问和倾听者的角色，就是"男巫和女巫"，他们一旦出现就会带来神奇的效果。他们或许能够与某个或者某几个员工建立起密切的和具有影响力的关系。催化剂是一个化学术语，是指那些能对某个过程施加影响但自身却不会受到影响的物质。用这个词来描述研究者/咨询师在变革的过程中所发挥的作用是再恰当不过的了，但是在某种意义上有点误导性质，因为咨询师还希

望自己的能力能够有所发展，从而会有所改变。

　　组织发展（organizational development，OD）方法①运用科学的方法和结论（源于行为科学）去促进组织的发展过程。在心理学、精神病学、社会学以及社会心理学的框架内，大部分工作都是与个人或者群体的健康相关，而这些工作所涉及的人际间关系和情感对于研究过程很重要。它包括如何解决冲突、培养合作意识和个性发展方面的内容。虽然组织发展研究的出发点把行为科学方法用于经营过程之中，但是其中还是含有很多专家建议的成分。人们有时期望研究者/咨询师多承担一些过程咨询师的角色。但是，如果他们在这个位置上提出一些专家建议的话②，他们就会陷入"一个大陷阱"。在有关行为研究者和过程咨询师的角色以及能否将这些角色整合起来的研究方面，干涉主义学派（interventionalist school）做了很多工作③。

　　在组织发展研究方法中，我增加了临床研究（clinical research）和临床咨询（clinical consultation）方法，两种方法建立在行为科学和医学，主要是临床心理学的基础之上。④　只有经验丰富的研究者/咨询师才能运用这种方法，原因在于临床判断是"一种模糊不清的多维度的分析技能"——正如 Calder⑤ 所言。他进一步提出，临床方法"基本上是一种艺术。正如一般意义上的医疗模式一样，这种方法被普遍认为是科学的，因为临床判断应该把有效的科学理论作为出发点和解决问题的框架。"一个临床模型应用实例是激励研究（motivational research），该研究一度被市场研究人员认为非常时尚而且颇有争议。⑥

　　研究者/咨询师要想学习 OD 方法，就必须投身到具体的过程中去。要想获得这方面的洞察力，光靠阅读书面报告或者出席一些会议是不可能的。因此，实际决策者也必须参与到这个过程中来。实际情况包括：

　　＊ 公司里只有少数人明白该做的事情是什么。在质量管理中，普遍认同的一点就是那些离问题最近的人也是最适合找出问题并提出解决

---

　　①　有关 OD 讨论参见 Beckhard，1969；Kolb 和 Frohman，1970；Fordyce 和 Weil，1971；French 和 Bell，1978；French, Bell 和 Zawacki，1978；Kotter，1978；Beer，1980。

　　②　French 和 Bell，1978，p. 46。

　　③　Argyris，1970，1985，1990；Argyris 和 Schon，1974，1978；Argyris，Putnam 和 Schmith，1985；Schein，1969；Schon，1983。

　　④　Calder，1977，pp. 357-58.

　　⑤　同上，p. 357。

　　⑥　参见 Dichter，1979。

方案的人。① 组织中距离问题较近的人随处可见，既有车间工人，也有高层管理者。通常情况下，那些能够识别问题的人却没有决策权（如发展小组成员或者呼叫中心的员工），而那些具有决策权的人却没有这种识别能力（如那些远离行动地点的董事会成员）。

* 公司的高层管理者必须能够确保在变革过程中引入必要的新型体制；这种体制可能是一种新的经营观念、新的组织或者新的财务控制系统。员工需要作出的决定则是要么适应这些变革，要么卷铺盖走人。

* 那些善于处理过程问题的外部研究者/咨询师所提出的专家建议，应该对那些负责执行的人进行决策和实施变革都有所帮助。

　　显然，上面提到的行为科学方法与管理学中的原有的专家研究和专家咨询方法有着很大的差异。专家们受 F. W. Taylor 以及其他推崇"科学管理"专家的影响②，其研究重点是工作行为，目的是为了提高工厂的劳动生产率。工作方法研究是一种结构性很强的定性研究方法，主要基于对生产过程的详尽分析和测量，目的是为工人完成任务找到最佳方式。一些采用特许经营模式的快餐业和零售业最近应用这种思想时都很成功，譬如麦当劳和 7-Eleven，所有分店的操作流程都是参照经过检验的成功模式进行详尽的设计，而且必须得到严格的遵守，不得有任何改变。这种方法有助于在新的选址快速开设新的餐馆和商店，这种发展就建立在完全相同的概念的一遍又一遍的复制基础之上。

　　科学管理源自工程学，另一专家方法则起源于会计学。后一种专家方法熟悉资产负债表、损益表、财务流程和系统、会计、记账以及产品成本核算技巧。在他们看来，成本、收入、资本以及利润中一个方面或者几个方面对于经营和管理而言都十分重要。目前，专家知识面临着平衡计分卡（balanced scorecard）这种适用范围更广的方法所带来的挑战。平衡计分卡方法蕴涵了决定未来财务能否成功的前期思想，如顾客价值、雇员、内部流程以及改善和创新的潜力。这些内容现在被习惯性地称为知识资本（intellectual capital）。③ 行为科学家对于这些专业知识却是一无所知。

---

　　① Imail（1986）讨论日本人在质量和劳动生产率的连续改进过程中如何做到人人参与的问题；Townsend（1990）则讨论了美国服务公司中小组和质量团队基于同样目的所采取的方法。

　　② Taylor, 1911. 现代管理咨询的起源参见 Tisdall, 1982, pp. 14-30。

　　③ 参见 Kaplan 和 Norton, 1996；Edvinsson 和 Malone, 1997。

Argyris ①在 1970 年提出，人们对管理咨询师和研究者的有效性知之甚少。他谈到弥漫在组织中的一种"干腐剂"，久而久之就会导致组织像木材一样腐朽。这种干腐剂的表现形式有相互防范、漠不关心、无动于衷、事不关己则高高挂起、缺乏信任以及对他人的反应缺少关心。专家方法对于这些现象的产生是难咎其责的。十年之后，我们又受到日本式管理②和"最优浪潮"的冲击，财务、工程学、计算机和人力资源的协调的、动态的力量成为了焦点。出于这种精神，Peters 和 Waterman③ 提出了管理的麦肯锡的 7S 架构这一"快乐原子"，即战略、架构、体制、技巧、领导风格、员工和共同的价值观一起创造卓越。7S 架构试图把企业生命中人文的和技术专家政治等维度整合在一起，从而将我们引入到变革代理人（change agent）这一角色。④

变革代理人扮演的角色包括前面谈到的各个方面，诸如分析者、项目参与者、催化剂和干预者。由于具体项目的不同，各个角色的侧重点略有不同。可以说，变革代理人是一种权变咨询师（contingent consultant）。⑤

变革代理人的工作评价依据不是他们所采用的方法，而是变革所带来的结果。要促使变革的发生，研究者/咨询师就应该实实在在地参与到决策和实施变革的过程中，而不是将参与仅仅停留在对分析材料的准备阶段。我认为分析工作要相对容易些。一旦作出了决策而且公司组织在推进这些变革时很迟缓的话，问题就出来了。决策被打了折扣，事情就给耽误了。如果把整个变革的过程看作三个或多或少平行的从属过程的话，即分析、决策和实施，那么在最后一个阶段的工作完成前是看不到任何实际变革发生的。因此，变革代理人必须参与到变革过程的所有环节中去。

由于这些角色有时会出现重叠，对研究者/咨询师角色的这种分类可能缺乏精确性。下一个关于公共管理的例子可以证明这一点。

---

① Argyris，1970，p. ⅷ 和 p. 2.

② Ouchi，1981.

③ Peters 和 Waterman，1982，pp. 9-11.

④ French 和 Bell（1978，pp. 16-18）以及 Clark（1972，p. 65）等人反对使用变革代理人这一概念，其理由是不管有没有计划，变革发生的途径都很多。Beer（1980，p. 9）对研究人员试图尽量减少自己的影响的临床诊断法以及不受限制的介入法之间的差别进行了讨论。

⑤ McGivern 和 Finemann，1983；p. 427.

　　一名分析者也能够主动地去找些事做……进行访谈、分发问卷调查表、安排会议等，都是一些这类干预的例子。因此，就像在一把移动的尺子上，随着参与程度的增加，刻度也会相应上升。例如，安排组织内不同部门的人员参加一个研讨会就是一种内部冲突。所谓的过程咨询师采用的研究方法就属于此类性质。参与到正常的工作流程中去是过程咨询的一个重要因素。例如，在参加某个决策会议时，咨询师就可以在讨论时提出自己的看法，而不是只对正在发生的事情持观望的态度。①

　　研究者和咨询师经常参加一些以课程或会议的形式举办的培训和教育。无论从哪个角度来看，很多自诩为咨询师的人只能被称为教育工作者和课程管理者，许多人只能提供一套完整的、千篇一律的课程组合。要说各个会议有何差异的话，则是报告人能力和经验上的区别。这些报告人都是一些风采照人、地位显赫的大人物，因此使得会议具有了一些尊严和符号价值。在这些角色中，研究者/咨询师就只能为变革过程作一些基础性的工作。

　　学术研究者和管理咨询师有可能成为外部董事（external board directors）。这类职务可能成为他们与首席执行官、高层管理团队和所有人建立密切工作关系的平台，并为他们接近实质信息提供了机会。董事会的主要职能就是确立企业的改革方向、运营规模和任命称职的高级执行经理，涉及的都是一些战略和组织层面的问题。② 正如本章开篇所讨论的，当需要接近某种信息时，董事会成员的职位有可能变成了一种劣势，员工在与董事会成员谈话时可能会瞻前顾后。除此以外，公司对外部董事支付的报酬并不是希望他们在公司内承担主要角色。他们在公司的工作可能是兼职性的，也有可能是全日制性质的，有时也有可能是负责某项长期战略问题的前任首席执行官。这类角色几乎与那些一半是顾问/咨询、一半是操作人员的员工没有什么不同。

　　所有人（owner）和投资人（investor）这类角色与公司的联系更为紧密。现在，类似养老基金这样的机构投资人成为公营公司的所有人的现象非常普遍，他们在董事会中享有一席之地。

---

① Statskontoret, 1980, p. 112. 参见 Greiner 和 Metzger, 1983。
② af Trolle, 1979, pp. 28-38.

在这类灰色区域中，要想将员工和研究者/咨询师的角色区分开来往往很困难，但这些区域为学术研究人员提供的接近机会则会更多。当然，不同公司之间的情况差异也会很大。

聘用管理（management-for-hire）这类咨询角色承担管理职位的时间一般都很有限，一般在半年到两年之间。咨询师在咨询公司的职位都会予以保留，但他们在客户公司的职位则相当于一名普通雇员。公司雇员的位置可以带来很多好处：接近信息、系统中参与、近距离地接近员工个人等。在涉及到战略和组织问题时，像首席执行官、部门领导等这类高层管理者则位于事件的核心。位于等级结构下端的生产线管理者对战略的了解就很少了，大量的时间都是花在了一些日常操作性的事务上。但是从另一个方面来看，这些基层管理者对战略和组织变革的实际情况的了解比高层管理者就要清楚得多。那些专家部门的人员在变革的过程中虽然偶尔也能发挥重要的作用，如人事和市场部门，但是他们并没有资格直接参与重大的决策过程。

大型公司可能会有一些内部咨询师（in-house consultants）。由于这些内部咨询师的工作范围仅限于一家公司之内，所以他们对于公司运营、公司文化等方面的了解会更多。他们的运作模式与外部咨询师没什么两样。内部咨询师和外部咨询师之间的界限可能有所重叠。期限较长的任务有可能把外部咨询师和内部咨询师置于同样的位置上。我曾在一家大公司做了 10 年的咨询工作，我后来认识的一位咨询师在这家公司工作了 30 多年，但他在那里工作的时间只有一半。一些内部咨询师也可能从公司外部承接一些咨询任务。我遇到的斯堪的纳维亚航空公司（SAS）和通用电气公司（GE）的一些咨询师就属于这类性质。内部咨询师可能会去一些新接管的公司工作，但他们对这些公司的了解也不多。

将学术研究者和管理咨询师的角色结合起来的困难很多。最常见的困难就是从事科学研究的时间不够，因此提出的一些观点就可能缺乏远见。将产业部门的执行经理和专家聘为兼职教授就是为了让公司员工参与到研究和教学中来。当然，前提条件是这些兼职教授们曾有一定的研究经历，而且还要有时间。

有一个容易引起冲突的问题涉及到研究者/咨询师在聘用方的地位。这些研究者/咨询师首先应该忠诚于谁？可选的对象很多，是自己、他人，还是董事会、高级经理、公司员工、投资人、研究基金会或者研究机构？研究者/咨询师可能把自己看作独立的专业工作者，他们首先应该忠诚于他们的职业。我个人的一段经历可以说明这一点。

　　一项咨询中咨询师提出了很多改革建议。从咨询师的角度来看，很多建议已经得到中层管理者的支持，应该是可以实施的。问题是如何把这些项目开展起来。在每一项工作中，事情似乎都要以咨询师的参与为中心，原因在于公司内部既没有能力也没有时间去实施这些项目。在中层管理者当中，几乎完全同意这些做法。这位咨询师在首席执行经理的指示下才见到了一位部门头头的面，而这位头头偏偏是一位年老的、保守的权威人物。与此同时，首席执行经理决定赋予部门头头们更多的自由，而且指示咨询师必须多与各部门的头头们协商其在各部门进行的工作。由于这位部门头头的管理团队的强烈支持，他的工作得以继续进行。但是，由于缺乏部门头头们的支持，他提出的那些改革建议在实际执行过程中却被一拖再拖。尽管有可能使那些被取消的会议重新开起来，也有可能解决那些借口或者模棱两可的指示带来的困难，这些蓄意设置的障碍导致的结果就是将这些项目拖到最后而不了了之。整个过程确实拖得太长，而且非常明显的是实施起来要花费的时间又会很长。

　　在这种情况下，研究者/咨询师究竟应该忠诚于谁呢？这取决于他们个人的价值判断以及伦理观，还需要他们根据不同的情景进行决定。为了预防起见，我认为研究者/咨询师最明智的办法就是与其客户签订"合同"。我并不是说就一定要有多么完备的法律文件（尽管这一点正变得越来越重要，尤其是在美国），而是要有一份"君子协定"。一位擅长于扭亏为盈的成功的咨询师曾说，他只接受董事会直接下达的咨询任务，目的是为了避免过分依赖首席执行经理和高级经理所作出的决定。①

　　一般情况下，咨询师是由董事会或管理层聘用的。欧洲一些国家出现了领取固定薪水的咨询师（wage earner consultants）。领取固定薪水的咨询师一般通过人事部门或者工会进行聘用，其职责是对聘用公司的情况进行调查并帮助有关人员了解变革过程并在其中发挥影响，聘用公司的义务就是支付他们的费用。

　　我以研究者和咨询师的双重身份曾在一些战略和组织项目中经历了许多情形。我对分析者的角色是越来越不满意，原因在于这个角色难以得到足够

---

①　af Trolle，1979，pp. 28-38。

的接近机会。在项目开展过程中有种观点，要求分析者不能独立自主地工作，而是要与聘方负责项目实施的工作人员共同进行。这个观点听起来确实很诱人，而且做起来也应该不错，但前提条件是必须要有一定的管理承诺，而且项目必须能够得到必要的重视和优厚条件。当聘用公司的员工把这些事情看成日常工作中的一种负担的时候，或者只是没有时间的时候，我经历到的失望就会更多。

OD 研究方法的应用为获得新的进展提供了新机会，甚至超过了知识方法的应用。这些方法所能够带来的好处还没有完全发挥出来。不管是与信息的接近还是与个人的接近都得到了改善，而且也获得了一些新的洞察力。推进这些方法运用的力量来自聘方的员工能够了解他们自己的情况并对此负起责来，然而这种推动力还没有出现。这项工作涉及到人际关系的训练问题，这种人际间的关系应该有助于创造一种坦诚的氛围，在这种氛围中个人能够自由地抒发他们的喜怒哀乐。据我的个人经验来看，这种训练要么作用巨大，要么一无是处。实践证明，要想动员高层经理参加这些活动难于登天。真正的管理承诺是能够创造持久的效果的，而不是一种仅仅停留在嘴巴上的服务。

变革代理人角色的一个重要任务就是与高级执行经理、利润中心经理以及公司的其他员工建立起密切的工作关系。这一任务要求带来了很多问题，我一直未能找到一种令人满意的解决方式。事实证明，公司越大，建立密切的合作关系的难度就越大。部门负责人或者经理要么没有时间，要么就是出差；即使见上一面，也是非常短暂，有时还会被电话打断或不得不推延。由于接近过于简短，要与他们，譬如说首席经理或者其他高级执行经理建立起一种个人关系实在是太难了，尤其是那些特别需要这类关系的场合。在处理一些具有争议的问题时，这种试探性的关系就显得不够坚实，其脆弱性的风险显而易见。

研究者/咨询师要想建立起密切的工作关系，就必须居住在聘用公司内。工作地点最好距离高层经理比较近，有时间一起吃吃午饭、喝喝咖啡；或者在下午 5 点钟以后电话不再响的时候能够呆在一起；上班早到；一起旅行；或者周末在餐馆或者某人的家里一起参加社交活动。所有这些联系机会都有可能增加接近的机会。研究者/咨询师必须充分利用这些非正式的场合，因为正式场合的联系对建立起密切的工作关系是远远不够的。

有一次我接到某位首席执行官的一条十分含糊的指示，要我去"做点关于公司营销方面的事情"。此前我们达成协议，我可能要花几个月的时间去熟悉该公司、该行业、相关人员以及其他一般情况。我的主要任务就是对存在的问题进行诊断并制定相应方案。对于我来说，这是一种在某个公司工作的理想方式，因为一个人有机会处理一些非程式化的东西，既包括个人的也包括他人的。这样有可能建立起关系并与其他人相互熟悉起来。研究者/咨询师有时会碰到一些疑问，在我看来这很正常，如："这些人是如何理解我们的？他们怎么了解我们的行业？"很多员工都收到过由研究者和咨询师撰写的一些自以为是的书面报告。为了这个项目，我在那里一周工作 3 到 4 天，而且大部分时间都是呆在公司总部或者某个下属单位。我有大量的机会正式或非正式接近那些对项目有用的东西，但这并不意味着我所获得的所有接近都是令人满意的。这中间还有一个个人抱负以及精神上和体格上的毅力的问题。

在一起参与到变革的过程中的时候，对于聘用公司及其员工来说，如何方便地与变革代理人建立联系同样十分重要。研究者/咨询师也必须依靠他人的主动性尽量使自己在实物上和心理上接近他们。

与工会的联系可能带来许多特殊的问题。如果为一家在全国各地都有分厂和办事处的大型公司提供咨询的话，必然会牵涉到大量的地方工会。各级工会联合会的中央机构的代表当然也无法回避。工会联合会的代表们对于战略变革方面的事情缺乏洞察力，而战略变革是管理中的一个最新领域。公司管理层和工会联合会之间、地方工会分支机构与中央机构之间关系的好坏对于变革代理人的工作有着很大的影响。

斯堪的纳维亚一家大型铸造厂的前任首席执行官 Hans Rudberg 在他的回忆录中记述了当公司陷入危机的时候他的一段咨询经历。一家大型咨询公司的报告曾经这样写道：

> 咨询师的角色首先而且最重要的是项目领导者的角色。通过积极参与到项目中去，咨询师将为能否达到预定的目标而负责。我们计划派遣数位优秀的咨询师为这家公司所面临的问题提出切合实际的解决方案。①

对此，这位 CEO 作出了如下的回应：

---

① Rudberg, 1979, p. 219.

　　（他们）的这些话既反映出他们低估了面临的问题，也显示出他们过分高估了他们自己的能力……但是，我也仔细考虑了并十分钦佩 Ulf af Trolle 在他的咨询工作中所采用的不同方法。乍一看，他似乎是一个人在表演独角戏。事实恰恰相反。他进公司后，要么承担首席执行官的角色，要么把自己放在他的左右手的位置上。他选择与那些只考虑公司自身的自然状态的人们一起工作。

　　上面提到的那位咨询师只是从一位聘用管理人员的角度来接受咨询任务的，他对这个角色的看法如下：

　　在通常情况下，我把自己看作一名副首席执行官，具体负责公司的组织和战略方面的事情。公司接受了一名新的首席执行官的事实，使我更容易将自己融入该公司的管理团队中去。由于有成堆的紧急任务需要新的首席执行官去处理，自然而然地就要对这些任务进行分解，看哪些是与目前运营相关的，哪些又是与公司重组相关的。我的加盟临时加强了公司高层的力量，这有助于我快速处理工作，减少了容易影响咨询顾问和公司管理层之间关系的效率差距。①

　　上面一段话概括了普通咨询师从事咨询工作时不可能像大牌咨询师那样容易得到的三个条件。第一，他能够在公司的高层管理中直接接近决策的过程。第二，他得到了首席执行官无条件的支持。第三，对他的服务需求以及自己没有雇员的拖累使他能对任务进行选择，而不必受某个客户的左右。因此，他所处的位置不同于那些需要为一大群咨询师寻找工作的大型咨询公司所处的位置。这一点为他提供了难得的职业上的完整性。

　　这位咨询师还说道：“我所接手的病患公司肯定不缺乏管理咨询服务……这一点似乎不言自明……为什么一些常规的长期的咨询措施无法挽救像 Boras Wafveri、Bahco、Mecman、Fagersta 和 Coronaverken 这类公司。”②

　　在我看来，变革代理人和高级执行经理（员工或者聘用的管理人员）

① af Trolle, 1979, p. 1053.
② 同上，p. 1052。

的角色有助于全方位地接近战略和组织问题。尽管这些角色为接近创造了条件，但是如何充分利用这些接近以及如何履行这些角色则又是一回事了。Clark 强调：实实在在地参与到整个事件的所有环节中去，会为研究者/咨询师的接近提供优势，这有助于他们对理论和实践进行发展。① 这并不意味着研究者/管理咨询师的角色就是一条捷径或者毫无问题。第四章在讨论行动研究方法时，以及在第五章和第六章中，我们将讨论在何种条件下可以通过咨询师的角色来完成研究，以及研究者/咨询师需要具备什么样的条件才能成为一名行动科学家。

　　为什么研究者/管理咨询师的角色难以发挥更大的作用，以便为学术研究赢得更好的接近呢？一个原因可能是难以找到适合科学研究的咨询任务。还有一个原因在于就是左右研究的科学范式问题。该问题的研究将在第五章中展开。

　　Carlson 对研究者/咨询师的角色有些负面的看法。他把观察研究和文献阅读区分成两个相互依赖的发展方法。② 虽然他没有提到行动研究，但是他提到了以参与性观察者担任董事的参与法。③

　　　　不，咨询对于研究的危害和咨询对于教学的益处差不多。研究需要重复、精确和沉思，而咨询需要自发的创造、足智多谋和胆量。问题不仅仅是有没有时间和机会在咨询中为某个案例的分析获得所需的观察资料和测量数据。迫于时间上的压力，一个人可能堕落到只是草草地交一份报告去敷衍了事，形成一种严重影响科研质量的坏习惯。④

　　这段话道出了行动科学家试图将研究者和咨询师的角色结合起来时可能会遇到的困难。Carlson 也特别强调了书面报告的重要性。这是一种传统的学术角色和咨询/分析者角色所惯用的方法。⑤ Clark 对行动研究的反对态度

①　Clark, 1972, pp. 125-28.

②　Carlson, 1983, p. 13.

③　同上，pp. 160-61 和 173-77。

④　同上，pp. 139-40。

⑤　参见 Lindberg, 1982, p. 47，作者主张"咨询任务的结果应该用书面报告的形式记录下来"。

可以从下面一段话中看出来：

> 　　过去一直难以获得接近优势的原因可能在于研究过程中所用的模型不合适，而这种现象在过去 40 多年里一直主宰着社会和行为科学。行为科学越来越关注自身与其他学科相比之下的专业地位。因此，他们总是强调行为科学具有很多与自然科学相同的方面。他们坚持认为应该采用调查方法，而这一方法曾一度被错误地看成自然科学的典型特征。有人声称知识是统一的、分析性的、抽象的和像法律一样的，假定理论框架是可以被整理归类的。在研究中，有一种追求单列的强烈偏好以及对实验条件的不断关注。①

　　因此，研究人员一直努力避免使用自己的个人经历，担心这样会有失客观。用 Clark 的话来说，这使得行动研究越来越难以被接受。

> 　　一种错误确确实实地出现了，由于这个错误，行动研究中的实际例子总是被误解，其原因在于那些以文献资料为基础开展研究的人的那些被证实的活动、互动和价值观与本科教学中所应用的一些经过验证的模型不一致……很少有学术人员具有直接的行动研究的经历……缺乏直接经验意味着那些在行动研究中用到的价值观没有能够得到足够的理解。②

本 章 小 结

　　本章讨论了接近的概念。在处理决策、实施和变革的过程时，就必须建立起理想的接近，但是对接近问题的认识程度还很低。随后，本章讨论了研究者/咨询师能够参与的不同角色，探讨了与角色相关的各种接近可能性。我提出变革代理人的角色为接近创造了很多机会，并有助于提高研究的作

---

① Clark，1972，pp. 126-27.

② Clark，1972，p. 126.

用。将研究者和变革代理人的角色结合起来就是行动研究或者行动科学。这种角色/方法在对经营企业的研究中的应用还十分有限。其原因部分在于研究者与咨询师的角色的结合难度很大。行动科学的问题和前景将在本书的第四、五、六章中进行讨论，第三章讨论预知和熟知的问题。

第三章　起飞与着陆：从预知到熟知

预知（preunderstanding）是指人们在开始研究项目或者咨询任务之前就必须掌握的内容，如人们的知识、洞察力和经验。熟知（understanding）则是指在研究和咨询过程中出现并得以提高的洞察力。我把预知和熟知列为研究者/咨询师面临的第二大挑战。

从我个人的判断来看，学术研究人员在选择科学研究方式和方法时对预知的重要性缺乏足够的重视。本章将重点讨论预知和熟知这两个观念。

本章在第一节中分别讨论预知的优点和缺点。接下来的一节中将讨论预知和熟知的两种类型。第一种类型是一手形式的，即通过个人经历的预知和熟知；第二种类型是二手形式的，即通过中间媒介的预知和熟知。第三节将讨论洞察力以及个性在研究中的作用。最后一节是对本章所作的小结。

预知究竟是帮助还是障碍？

Odman 将预知定义为："在对经常或者每天都要发生的事作出回应时，人们为了免除对这些事件作出解释的麻烦，他们发展出了一种预知。感觉的表达、解释、理解和语言被瞬间融合在一起，这样就难以单独辨别其中的某个方面。"[1]

研究者/咨询师如果缺乏预知的话，他们就要花费大量的时间去搜集基本信息（如某个产业或者决策过程）。大多数此类信息难以从公司外部获得，为此研究者/咨询师就不得不熟悉某个组织内部的决策、实施和变革过程。基于这个原因，我认为学术研究人员很有必要在某个具体的决策和实施岗位上获得一些亲身经历。

我对预知概念的兴趣源于阅读瑞典小说家和得克萨斯哲学教授 Lars Gustafsson 的散文《字面背后的知识》（*Knowledge behind Words*）。[2] 他在文

---

[1]　Odman, 1979, p. 45.
[2]　Gustafsson, 1977, pp. 52-55.

章的开头引用了大不列颠百科全书对网球发球的描述：

双脚与底线大约成 45 度角站在底线后边。将身体重心倾向右脚。把球抛过你的头顶并略偏向右前方。以一个节奏向前方挥动球拍，同时将身体重心向前转向左脚。尽量轻松地在高过头顶的地方击打球。球拍正面向外，或者位于球的右侧，并略微举向上面一点。球拍从右向左运动。直接挥打过去，用一种旋力使球从左旋向右方。这样就可以将球打入场内。①

Gustafsson 继续写道：

将这一段落再读一遍！毫无疑问这是一位一流的专家写的。它包含的内容没有任何错误或者容易造成误解的地方。

我可以想象一位带着墨镜的胖小子把这段定义牢记在心后就会溜到网球场的底线边上去。

当然他会发现如何将身体的运动协调好……，如何在 0.61 秒内将球发进对手的发球区的远角比一系列的练习运动要难得多。从完美的实际发球动作中学来的知识和从百科全书中学来的知识会迥然不同。它是一种存在于背部、胳膊、脚上的知识，是某种传递到连意识都觉察不到的地方的信息，那里无法用语言描述。那是一种只能允许发生的东西。生活中充满了这类知识。②

伦敦的 P-E 咨询公司前任总裁 David Nicholson 爵士认为，管理咨询师如果没有直接经营公司的经验，他们就难以明白战略和结构变革的问题。③ 一名律师讲述了一位负责审理交通案件的法官的故事。这名法官没有驾照，而且他根本上就不知道如何开车。我在想，这名法官怎么能够知道那些在交通事故中涉案人员的违章行为呢？"那你是否就要求一位审理谋杀案的法官自

---

① 《大不列颠百科全书》（*Encyclopedia Britannica*），1965，p. 936H。
② Gustafsson, 1977, pp. 52-55.
③ Tisdall, 1982, p. 123.

己去做一回杀人犯呢?" 这名律师问道。这就产生了一个悖论。一位法官如果对一个或者多个暗杀案件有些直接经历的话就有可能更好地熟悉凶杀案的案情。否则,他在法庭上的审判行为就很难令人信服。Frank Abingdale 是一个大骗子,后来也被抓了。在他令人捧腹的自传中①,他讲述了自己身陷囹圄的生活以及在刑满释放后的新生打算。他的欺骗手段就是利用假支票,而且他知道银行系统的漏洞所在。当他还身处牢狱的时候,他就开始为银行提供咨询,教它们如何加强安全防范和防止假支票。这以后也成了他的职业。他的知识来自他的直接经历和亲自参与。

很明显,如何让在熟知和洞察力的发展过程中获得的经历发挥更大的作用是哲学家、著作者及其他人经常讨论的主题。例如,中国的前任领导人毛泽东曾说,如果我们想了解梨子是什么滋味,我们只有亲口尝一尝。② 我想起 20 世纪 50 年代 Louis Armstrong 和 Ella Fitzgerald 唱的一首流行歌《谁都可以解释吗?》(Can Anyone Explain?)。当然,这个问题对于研究者和咨询师来说也是再恰当不过的了。歌词内容与接吻有关,大意是如果你不亲身经历接吻,怎么会知道接吻是什么。

哲学家 Bertrand Russel 对熟知的讨论是通过描述性知识(knowledge by description)和认知性知识(knowledge by acquaintance)两个概念进行的。③ 管理学中的研究和教育素以描述而非认知为主。管理学中的理论和方法论文献对这种缺陷还没有给予足够的重视。

预知这个概念比知识(knowledge)的意义要广泛得多。④ 预知不仅包含了研究者/咨询师的态度和承诺,而且他们的个人经历也是信息搜集和分析过程中必不可少的一个要素。另外,研究者/咨询师必须能够表现出一定的理论敏感性(theoretical sensitivity)⑤,而且他们必须能够根据现实的需要对自己的范式——他们的基本世界观——作出相应的调整。因此,研究者/咨询师还要能够提出新的观念、模型和理论。

从心理学的角度来看,选择性感知是指个体倾向于从现实世界中截取某一部分进行感知。因此,对于学术研究者或者管理咨询师来说,他们可能透

---

① Abingdale, 1982.

② Mao, Tse-Tung, [1937] 1969.

③ Russell, [1912] 1948, p. 59.

④ 预知、参考文献、范式和知识之间的区别并不明确。由于受解释学的启发,我个人倾向于选用预知一词。

⑤ Glaser(1978)认为对理论的敏感性是科学家的基本素质。

过不同的视角来观察公司面临的问题，人们所能观察到的就只会局限在某个方面的现象，这也属于一种选择性感知的表现。从下面例子中可以看出不同类型的咨询师是如何站在自己的角度上解释某家公司利润不佳的原因的：①

> 广告代理商："你们的广告必须加以改进，这样销售额就可以提高了。"
>
> 营销调研机构："你们必须更好地了解市场。只有你们的营销调研做好了，销售额才会增加。"
>
> 成本降低方面的管理咨询师："你们应该通过新的订单受理程序将工资成本降低15%。"
>
> 公司战略方面的管理咨询师："你们必须进一步明确公司长期目标中那些与产品、市场和增长相关的指标。"
>
> 一位擅长处理税务问题的经济法律师："从税收角度看，你们企业的法制结构还不够完善。"

当我们遇到的刺激很多的时候，选择性确实很重要。理论、模型、核查单等既有助于筛选那些需要研究的现象，也有助于确定那些应该剔除的现象。这样做的危险在于人们总是自以为已经把相关的东西选出来了，那些需要观察的东西也已经观察到了。

研究创造性问题的哲学家 Edward de Bono 提出了横向思考（lateral thinking）和纵向思考（vertical thinking）的概念。他说：

> 不可能通过把一个洞深挖下去的方式在同一个地方再挖出一个洞来。从逻辑上讲，只能把深洞进一步挖深和挖大，使这些洞都变得更好。但是如果洞的位置选错了的话，做再多的改进工作也不可能把它变成一个正确的地方。不管这个（常识）对于挖洞者来说多么显而易见，他们还是容易在同一个洞上不停地挖下去，而不是在一个新的地方另起炉灶去挖一个新洞。垂直思考就是把同一个洞深挖下去，水平思考则是在其他地方重新开始努力。②

---

① Gummesson, 1979, p. 8.

② de Bono, 1971, p. 22.

屏蔽性预知（blocked preunderstanding）① 是指那些选择性的知识和方法，而这些知识和方法之所以被选中，是因为它们符合某个范式以及据此范式引发出来的理论、模型和过程的需要。知识可能是详尽的和综合性的，但是其作用仍然会有偏颇：一个人把同一个洞不停地往下挖，他就成了偏执型专家（expert ad absurdum）②。把事实强行塞入已被接受的理论之中，现实不但得不到解释，反而被扭曲了。

神话中有一些类似的比喻。有些人的行为就好比 Cinderella 的邪恶的继母。为了使她的孩子的脚能够适合 Charming（魅力）王子的鞋子，她剁掉了一个女儿的一只脚趾头，又削掉了另外一个女儿的脚后跟。古希腊传说中有一个强盗叫 Procrustes，他有一张铁床也叫 Procrustes。他的一个恶习就是强迫被抓的人躺在这张铁床上，要求他们正好与床的长度相一致。如果他们人长得太长，Procrustes 就会把他们的脚砍掉；如果他们的脚太短，则会被强行拉长。③

如果科学中有了这种类似的罪孽行为就可以称为"Procrustes 式科学"，意思是为了提出有待实证验证的假设而错误地使用一些早已确立并得到承认的理论、概念和模型。如果这类假设被当成研究的出发点，它们就会影响到提问的方式、回答问题的方式以及其他对观察进行解释的方式。于是，他们就会凭个人喜好将某些数据列进来，把某些数据剔出去；他们还会接受某些数据处理方法，拒绝另外一些数据处理方法。这就是 Procrustes 床的后果，那些与床的长度不相符的要么脚被剁掉，要么被拉长；还有一种可能就是一不留神，就有可能把那些尺寸本来相吻合的也给拉长了，目的是为了去适合某个更大的空间。Procrustes 式的科学制约了创新和发展的空间；它只能是维持现状。

Glaser & Strauss 警告要特别提防现有理论可能带来的偏见：

> 我们中间有很多老师将社会学分支变成了"伟人"的理论仓库④，把他们当成一种已有定论的理论来讲授，使得学生难以反驳……

① Lindholm，1980，p.115；Lindstrom，1973，p.18.

② 拉丁语，指那些沉溺于自己的专业领域而对现实世界不管不顾的专家，瑞典语将这类专家称为"白痴专家"。

③ 受 Aredal（1986）在研究中应用 Procrustes 铁床的比喻的启发。

④ 指一些学术地位显赫的教授对自己的学术地位的关心超出对本学科的发展的关心，久而久之使得所在的学科死气沉沉。

> 我们的先辈们提出的有些理论或者不适合，或者不起作用，或者在使用时难以被理解，因此在研究、理论发展和实际应用中已经变得一无是处。①

　　Glaser 在他的著作《紧急情况与迫不得已》（*Emergence vs. Forcing*）中对此作了进一步的强调。② 他提出应该让事实本身来说话。研究人员不应将一些先入为主的范畴和概念强加到事实身上，尽管这些理论已经得到了确认。经营学和经济学中的典型错误就是喜欢将不同国家的消费、生产率以及产业发展状况进行相互比较。实际上，用民族—国家这些类属进行比较并没有太多实际意义。③ 今天的经济活动已经不再简单地以民族—国家为界限，而是以区域和文化来划分范围。例如，意大利的北部属于富裕的工业化地区，而意大利南部则属于贫穷的农业地区。从经济上来看，意大利北部属于欧洲中部产业区，意大利南部则属于北非。另外，位于中部地区的第三个意大利（意大利语 Italia）的财富主要来自靠家庭和网络维系的小型企业，类似于亚洲的传统企业，如中国的关系④。即使将意大利三个地区的统计数据平均也无法为比较意大利和其他国家的经济状况提供有价值的信息。另外还有一个例子，大型跨国公司往往习惯于把年轻人的生活方式作为对全球市场进行细分的变量。但是，随着旅行的增加，互联网、移动电话、卫星电视的出现，麦当劳、迪斯尼、可口可乐、微软等全球品牌早就使年轻人的行为没有国界了。

　　"紧急情况与迫不得已"之类的问题可以用归纳研究（inductive research）和演绎研究（deductive research）来理解。演绎研究从现有的理论和观念着手，并提出有待验证的假设，其立足点是业已得到认同的理论。归纳研究的出发点是现实世界的数据、种类、观念、模式、模型以及从这些要素中得出的理论（我喜欢用"现实世界的数据"这一表达法，而不太喜欢"实证数据"这种表达法，原因在于商学院开展的研究往往对后者强加过多的定量数据要求）。从起源上看，"实证"源自希腊语，其意思是"基于经验和观察得出的数据"，即来自现实世界的数据。

---

① 　Glaser 和 Strauss，1967，pp. 10-11。
② 　Glaser，1992。
③ 　Ohmae，1995。
④ 　Fukuyama，1995，pp. 97-111。

实际上，由于出发点不同，研究才被分成了演绎研究和归纳研究，当然这种区分非常重要。演绎研究主要是对现有的理论进行检验，而归纳研究主要是为了提出新的理论。人们有时难免也会担心归纳研究会是一种徒劳（reinvent the wheel）。这种担心是没有根据的。只有糟糕的归纳研究才会出现这种情况，而且糟糕的演绎研究也难免出现类似的问题，产生了更多相同的或者已经被接受了的知识。

所有类型的研究在经过初期阶段后，都会在演绎研究和归纳研究之间发生迭代。有时把这种情况称为诱导式研究（abductive research）①。这种研究方法强调将归纳研究和演绎研究结合起来，并不是第三种研究方法，否则就是一种误解。例如，扎根理论（grounded theory）的研究始于归纳研究，但Glaser 和 Strauss 把他们的方法既没有看成归纳研究，也没有把它们当成演绎研究。②

自称属于某种特定范式的学术研究人员实际上属于把同一个洞一直往深处挖的那类人。也就是说，他们只是在对现有的理论、模型、观念和范畴进行检验和修正。如果研究人员不小心提防的话，他们的预知就有可能把创新性的思维屏蔽在外。

在美国市场营销学会召开的一次关于态度研究的会议上，一位发言者呼吁更多的"无假设研究"。他说，"我们运用的科学研究方法中已经包含了对假设的验证，而假设的提出经常反映出研究者和营销人员的偏见——当时所做的那些研究里边已经含有因假设所导致的偏见。"③ Glaser 和 Strauss 甚至建议："有效的战略就是不要去理会那些与自己的研究领域相关的理论和事实方面的文献资料。"④ Sherlock Holmes 曾经警告他的助手 Watson 博士谨防"波西米亚丑闻"（A Scandal in Bohemia）中出现的偏见。⑤ 当 Watson 博士惊呼："这真是一个谜……你们能想象得出它是什么意思吗？" Holmes 回答说："我还没有什么数据。在没有数据之前就得出理论，那就大错特错了。人们总会不知不觉地为了适应理论的需要而扭曲事实，而不是让理论去适应事实。"

对此，也有人持反对意见。Carlson 认为，"人们对所研究的领域的先进

①　Coffey 与 Atkinson，1996，pp. 155-56。
②　Glaser 在 1997 年 11 月与我的讨论中证实了这一点。
③　Marketing News，1986，pp. 6-8.
④　Glaser 和 Strauss，1967，p. 37。
⑤　Doyle［1891］1985b，p. 210.

知识掌握得越多，研究考察和访谈的潜在价值就越高。"① 经济学家、诺贝尔奖获得者 Tjalling C. Koopmans 认为："更加充分地利用经济理论中的观念和假设……把它们看成观察和测量过程的组成部分，就有可能成为通向熟知的捷径，甚至有可能是唯一的一条道路。"②

这些引言之间或许并不矛盾。如果我们要求我们的科学家在搜集数据时既要有预知也要有孩子一样的天真无邪的心灵的话，那么患有精神分裂症的教授在商学院就随处可见了。我们既不希望性格分裂，也不希望双重性格：就像那些善于平衡使用剃须刀的人一样，既能够运用他们的预知，也不至于成为预知的奴隶。

Capra 借用道教的话解释道："中国哲学家看透现实，他们把其实质看成'道'，这是一个不断流动和变化的过程"，他们"为这种周而复始的思想模式赋予一个明确的结构，即阴、阳两极……这种思想非常重要，但是对于我们西方人来说理解起来就很困难。这些相反的事情并不属于不同的种类，但是为什么又是一个有机整体的极点呢？"两种情况与道德观都没有什么联系："好的东西既不是阴也不是阳，是两者之间的一种动态平衡。"③因此它属于一种"两者都"而不是"或者或者"的关系。我们可以把对已经得到确认和普遍接受的理论和知识的坚持看作阴，把对这些理论和知识的视而不见并自由发挥自己的思想看作阳，而理想的状态当然是能在两者之间游刃有余。

如果管理咨询师不管问题的本质如何就粗制滥造出一堆模型和要点，他们就会表现出屏蔽性预知。问题在于他们总是希望用顾客满意度调查、计算机信息系统、标准化的培训组合或者业务流程再造这类办法来解决所有的问题。前面曾经提到，追赶时髦式的研究是一种屏蔽性机制。接下来，我们将要讨论诊断上的时间投入、问题的形成以及研究方式和方法的选择方面的重要性。有理由相信，研究人员在研究中往往会只选择某类理论或者方法论，而不会同时采用多种方法。与此同时，他们可能选择那些适合采用标准化的方法进行研究的问题作为连续研究的对象，而对其他类型不同的问题则避而远之。因此，屏蔽性预知还指研究者/咨询师总是喜欢运用那些现成的而且适合自己口味的方法，因为他们总以为这些方法就是普遍有效的。

有人说过："对于有锤子的人来说，任何问题都只是一枚钉子。"照此

① Carlson, 1983, p.134.
② Koopmans, 1947, p.162.
③ Capra, 1982, pp.17-18.

看来，我们就可以把那些只运用单一的、标准化的方法去解决所有问题的情况称为"锤子与钉子综合症"（hammer-and-nail syndrome）①。咨询师只要能够把他们的咨询服务推销给与现有客户的问题类似的对象的话，那么他们的预知以及他们所运用的模型和方法就成为了资产。由此带来的风险就是过分强调咨询服务的商业性，结果就是"将客户榨干"，职业精神则被抛到九霄云外了。同样的道理，学术研究人员的头等大事则是不遗余力地寻找能够筹到研究经费的机会。

　　因此，预知不可能一成不变，必须有所发展，研究者/咨询师必须熟悉他们自己的范式、选择性感知和自身的防御机制。除此以外，他们还必须考虑这样的事实，自信心不足和性格原因可能影响自身的发展。研究者/咨询师显然应该保持成熟、坦率和诚实。

　　图 3.1 反映了影响预知发展的因素。图中左边方框显示的是个人经历，这种个人经历可能来自个人生活，也有可能源于自己的工作经历。图中右边部分是通过中间媒介所获得的知识。将个人的经历和他人的经验相互结合就形成了知识，这些知识就是一个人在研究或者咨询开始前获得的预知。

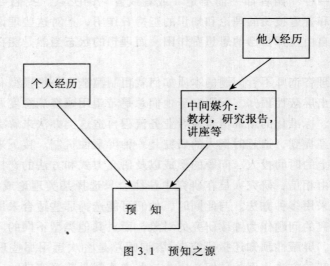

图 3.1　预知之源

①　"锤子与钉子综合症"的表述源自心理学家 Alfred Friman 对我讲的一则故事。

预知，一手的和二手的

传统研究者的预知主要是通过图 3.1 中右边的那种模式获得的，也就是靠与书本、讲座或者其他途径的交流获得的二手经验，用 Russell 的话来说，是一种描述性的知识。为了更好地理解基于个人经历获得的知识和基于他人的经验获得的知识之间的差异，我用预知和熟知、一手和二手这些术语加以区别。

二手预知既有好的一面，也有不好的一面。Russell 将其优点概括为：

> 描述性知识的重要性在于它有助于我们超越个人经历的局限性。尽管客观事实是我们只熟悉自己所亲历过的真相，但我们还是可以从那些对未曾经历过的事情的描述中获得知识。鉴于我们个人的直接经历的范围毕竟有限，这种结果十分重要，在我们没有弄懂之前，我们的大多数知识还十分神秘和充满疑问。①

这种情况非常适合大型跨国公司的变革过程。无论是从时间上，还是从地域上，大型跨国公司要去全部经历到是不现实的。从时间上来看，需要数年之久；从地域上看，假如说是一个横跨 50 个国家的国际公司要将管理层的反应一级一级地传递下去，以及从母公司到分支机构和其他代表处，其难度就可想而知了。况且我们无法让时间倒流，重新经历那些业已发生的事情。

IBM 在长达半个世纪里之所以能够取得巨大的成功，其中一个重要的原因在于不断对员工进行培训和教育："教育永远没有满足的时候"。② IBM 将通过中间媒介进行学习与自我经历有机地结合起来了。授课人员是从那些最成功的销售人员和系统中挑选出来的，他们授课的时间只有 18~24 个月，而且这段经历成为其职业规划中的一个重要方面。③ 当个人电脑、软件和服务的重要性超过 IBM 传统的核心产品、硬件和主板的时候，新的情况就出现了。IBM 必须重新思考和重新定位，要有一个彻头彻尾的转变过程。在这

---

① Russel, [1912] 1948, p. 59.
② Rodgers, 1986, p. 92.
③ 同上，pp. 75-76。

个过程中需要双向学习并接受新的培训和教育。

　　通过中间媒介学习的消极方面包括容易误解他人的信息；对通过与他人交流获得的信息理解不透彻；还有可能被迫接受一些错误的信息。Geneen说过：

> 　　作为一名公众会计师，我需要随时核查账本和库存。我要花费几天的时间在一家公司挨个挨个地去数煤箱，验证多少个煤箱已经装满和有多少吨煤之类的"事实"。当我面对审计官的时候，我不得不依赖别人审计的真实性。当我成为ITT的总裁的时候，我又不得不依赖成百上千的充满"事实"的报告，还有那些我不得不做的重要决定。①

　　结果是，他作出的决定越重要，他能够保证其中"事实"准确的概率就越低。这个道理同样适用于需要依靠他人的报告和统计结果的咨询师和学术研究者。他们离现实究竟有多近呢？

　　英国历史学家 Paul Johnson② 在分析《人类冷酷的情人》（*Heartless Lovers of Human*）时，举例说明有一些人，其中大多数是知识分子，虽然有着无比强烈的信念和思想，但是从来就没有想到过要去亲自体验一下这些信念和思想。③

　　关于对从中间媒介所获得的信息产生误解的例子不胜枚举。因此，我一般都是当面把咨询报告交给客户，在此之前决不会散发出去。有位作者向我推荐了一种"彻底的"方法："对案例研究的整体评价不应该成为研究者和参与者的特权。如果读者有机会参与到对报告的解释工作的话，案例研究就应该以完整的形式发表。"④

　　毫无疑问，全面地和详尽地对案例进行描述是十分重要的，尽管在两个中介层面间传来传去的这类报告不可能取代个人的亲身经历。不管怎样，这对减少二手知识的弊端有所帮助。

---

① Geneen, 1984, p. 94.

② 基于 Johnson 的文章《人类冷酷的情人》以及著作《知识分子》（1989, p. 69 和 p. 80）。

③ 原文中作者引用的个别事例因故略译，敬请读者谅解——译者注。

④ Johannisson, 1980, p. 36.

　　研究人员还有可能陷入学术研究的恶性循环之中。在这个恶性循环中，研究人员之间相互引用，找到"合适的"参考文献，在"合适的"刊物上发表文章，还会在"合适的"会议上宣读论文。如果研究以远程形式（distance research）① 开展，那么研究只是在某个数据库基础上进行，这样与研究对象实际的接触就会很少。这种类型的研究只是建立在某种根本上不可能实现的假设基础之上，即假设一个人在研究机构内就可以激发变革的过程。

　　图 3.2 说明了与某个具体项目所需要的"熟知"是如何发展（development of understanding）起来的。研究者/咨询师在接近到研究项目时就已经有了一定的预知。通过在变革过程中的亲自参与去获得接近，研究者/咨询师在获得一定的洞察力的同时，也就掌握了对他人的经验进行分析和解释的方法。科学理论中提到的解释循环（hermeneutic circle）可以理解为："没有预知就没有熟知"以及"对局部的熟知是对整体熟知的基础"。准确地说，解释循环应该被称为解释螺旋（hermeneutic spiral）②。在这个循环往复的过程中，前一个阶段的研究为我们带来了知识，换句话说，在每一个研究阶段我们的预知水平是不同的（见图 3.3）。

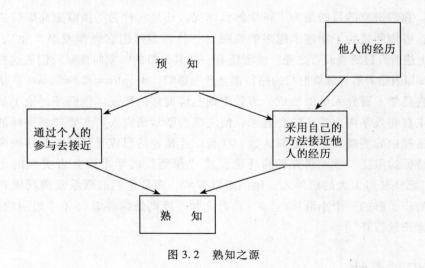

图 3.2　熟知之源

　　预知与熟知之间的关系受到我们的有意识意向性和无意识意向性的影

----

① 　Gustavsen（1982，p. 17）进一步强调了"远距离研究"在社会过程中的不合适宜；参阅 Gustavsen 和 Palshaugen，1984。
② 　Odman，1979，p. 83.

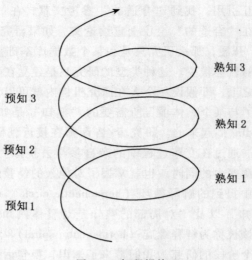

图 3.3　解释螺旋

响。我们研究的目的是为了科学的目标呢，还是一种为了换取更高职位的手段？咨询师是为了赚越来越多的钱呢（一位咨询师把它当作发票产业），还是上述所有目的兼而有之呢？或者还有一些其他目的？意向性对我们的选择性感知以及沿着解释螺旋前行的路径都会产生影响。Bergstrom 和 Soderman[①] 认为正直是学术研究人员的特质，而效率则是咨询师的特征。他们还讨论了如何将正直和效率两大特征结合起来，使之成为学术研究人员和管理咨询师的职业精神中的更高境界。他们认为，这种职业精神的形成受到了工作环境中恶性特征的阻挠。学术研究者的环境促使"深奥"的学术研究者类型的出现（"那些长得太大的成年人，他们难以理解，而且他们的联系范围局限在已有初步了解的一个小群体内"），而咨询师环境则是纵容娼妓（"短期收入，不管长远打算"）。

知识与个性

本节主要讨论知识和个性对预知的影响。尽管有不少文献资料探讨过认识论（有关知识的理论）和心理学的问题，但是我将主要根据个人的经历

---

① Bergstrom 和 Soderman，1982，p. 13ff。

来讨论这方面的问题，如表 3.1 所示。

1. 理论方面的一般知识。理论一般包括观念、模型和方式，它有助于我们识别、诊断、界定和分析主要因素及其关系。针对特定的条件，我们最好能够提供相关的背景和结构，同时将它们予以整理并将这种熟知传递给他人。总之，这是关于知识性熟知的问题，而研究者在这方面具有天赋。这个问题是大学培养和科学环境最为关注的问题。

表 3.1　　　　　　　　　　　**知识分类与个性类型**

类　型	内　　容
一般知识	1. 理论、模型、观念 2. 技巧、方法、工具
专门知识	3. 机构条件 4. 社会模式
个　性	5. 直觉、创造性、朝气、社会能力

2. 技巧方面的一般知识。这类知识包括技巧、方法和实际操作工具，如计算机程序的应用。这类知识包括对消费者意见进行函件调查时所需要的计划、实施、分析和报告等方面的知识，还包括对公司的财务绩效进行评估的关键指标的运用以及对销售呼叫中心的计划和实施所需要的能力。如果缺乏这类知识的话，工作中除了要耗费大量的时间以外，可能还缺乏重点。学术研究者在如何使用这些技巧方面已经受过大量的培训，而且这些技能在项目开展的过程中还能不断得到提高。

3. 与机构相关的专门知识。这类知识是有关某个产业、公司、市场、产品、服务等方面的技术条件、习惯做法、关键决策人物以及其他机制或因素。McKenna 曾讲过一个与 Tektronix 公司相关的故事。Tektronix 是一家生产电子仪器的公司，该公司曾经聘用了一些工商管理硕士（MBA）帮助企业更好地树立市场导向。"他们带着厚厚的一叠图表和理论来到公司，但他们却使事情变得更加糟糕。他们对电子仪器类业务的特点一无所知，而且也没有想到努力地去学。"[①] 从这段原话中可以看出 MBA 们缺乏机构方面的预知，因此他们在接近关键信息时难度就会很大。这就是一种"锤子与钉子综合症"，他们过分依赖现有的方法，而这些方法并不适合他们所遇到的情况。这类知识只有在实际经历中才能学到。外部研究者获得的有关某个产业

---

① McKenna，1985，p. 110.

的信息仅仅是一些结构性的数据和相对笼统的东西。研究人员总是试图从理论、模型和一般知识的角度去接近并应付问题，而实践人员则是从机构的角度出发去接近问题。

4. 与社会模式相关的专门知识。每家公司都有自己独特的文化价值体系，包括合作规则、社会交往、沟通等方面。同事之间的社会关系可能是友善的、冷漠的甚至是对抗性的；公司内部存在着非正式的等级结构和网络；人的个性也是形形色色。研究者/咨询师很难对一个陌生的公司内部的社会模式有更深的了解。研究者/咨询师带到公司的预知是从许多不同的环境中的职业或者私人经历中得来的。这些经历使他们更容易接受社会环境和行为模式中的信号。不同的任务所要求的专门知识也不同，要获得这些新的专门知识至少要在公司里待上一段时间。研究者/咨询师必须熟知与公司相关的特定文化和行为模式，他们还应该能够洞察到有利于改变公司的机构环境的机会。研究者能否获得接近取决于他们能否在公司内成功地建立起和睦的个人关系。研究者运用的理论和技术必须与公司自身的环境相适应。如果这些方法和技术能够满足问题的知识性和可分析性要求，理解起来就会容易得多（"锤子与钉子综合症"除外），另外他们还必须与社会准则相适应。①

5. 个性。研究者/咨询师的个性也是一个非常重要的问题，它们对于咨询任务的结果有时会产生决定性的影响。直觉、创造性、朝气以及善解人意等个性特征对于变革代理人来说也相当重要。这些个性与四类知识共同发挥作用，这种作用既有支持性的，也有妨碍性的。

依我所见，这些类型的预知、知识和个性有助于进一步增加对某个组织流程的熟知。变革代理人面临的问题不只是对理论和技巧是否知晓的问题。与机构相关的知识（第3点）和与社会模式相关的知识（第4点）也不是轻易能够得到的。如果对某个行业特别熟悉的话，获得与该机构相关的知识就会相对容易些。获得对某个产品、顾客和分销渠道等方面的预知，将有助于咨询师集中精力去熟悉公司本身和与之相关的社会模式。

过程咨询可以部分当作解决预知问题的一种手段。Schein认为过程咨询师的方法要想运用得当的话，就应明白："一名咨询师如果不花费大量的时间进行研究的话，就不可能很好地熟悉组织的文化，不可能据此提出可靠的行动方案。因此，他必须与那些生活在该组织中并对组织文化非常熟悉的人一起工作。"② 这里并没有要求咨询师一定要具备经营特长和与机构相关的

---

① Gummesson, 1982, p. 35.

② Schein, 1969, p. 8.

专门知识，咨询师最重要的是要能赢得客户的理解。

我在第二章中依据自己的个人经历提出，过程方法的影响并不大。下面两个例子也可以进一步说明这一点。一个例子是我在计算机行业的一项咨询经历，另外一个例子是在一次营销战略研讨会上所宣读的内容。

当 DDP 系统在市场上已经占领了牢固的地位的时候，公司决定在春天推出 TXD 新产品概念，并期望能够进入扩张阶段。110 系列是 TXD 产品的一个组成部分，当时与其他供货商的设备还无法兼容。公司决定针对以太网开发一种标准化的调制解调器，期望能使 TXD 产品与这些调制解调器以及其他标准调制解调器的兼容性至少能从长远的角度得到改善。TXD 产品本身似乎还没有足够的优势去赢得一定的市场份额，但是如果将它应用到银行业之类的特殊领域的话，其优势就显现出来了。DDP 产品以及办公自动化设备在市场上的竞争优势主要在于：采用相同的硬件设备使 DDP 和办公自动化产品在市场上以整体概念出现，与像新一代的数字 PABXs 等先进通讯系统连结时成本效益能得以提高。

从这个例子中可以看出，研究者/咨询师需要学习（与研究/咨询任务）相关的术语、缩略语以及它们在技术上的内在联系。熟悉这些需要花费一些时间，而且光从教科书上还很难学到。

另外一个例子是我在一次会议上的个人发言。在这个会议上，一位首席执行官对一个咨询团队进行了介绍之后，就开始谈论他们所做的工作。

在我参加的第一次会议上，这位首席执行官陈述了需要在公司内部进行改革的设想。他采用的方式是令人鼓舞的，信息也是充分的。为了协助他的工作，他聘请了一支咨询团队。部门负责人 A 是（公司）最大的部门的负责人，也是最年长的，他微笑着点头表示了对首席执行官的建议的赞同。其他人对这份建议提出了不少看法。其中，一位新提升上来的部门负责人 B 说，各个部门必须静下心来做点自己的事情，不希望受到组织变革之类的工作的打扰。在首席执行官看来，公司犹豫不决的时间已经很长了，该是"全力以赴"的时候了。他回答说 B 当然应该把自己的所有工作都要抓紧，但是他也指出 B 应该从公司整体的角度出发，对所采取的一些必要措施给以

应有的支持。另外，他还强调，只要公司在两年内不会破产，公司就
要大幅度地进行裁员，还要做好停业整顿的最坏打算。其他与会人员
保持缄默，当然不可能知道他们内心是怎样想的了。随后，他们很快
消失到各自的房间里去了。

　　如果对与会的人员以及他们之间的关系缺乏熟知的话，就无法理解会场
上出现的沉默。首席执行官邀请咨询团队的目的是不是为了对部门负责人行
使权力呢？部门负责人 A 是否就是真的同意，或者只是为了表达他的个人
忠诚？在改革行动真正开始时他是否还会忠诚依旧呢？B 的讲话和首席执行
官的答复有什么意义呢？问题可以提出来，但是答案可能就五花八门了。但
是有一点可以明确的是，要想了解公司内部之间的社会关系没有捷径可走。
　　我在交通、纺织、计算机和通讯等行业中承担过几个时间较长（1 到 2
年）的咨询项目。我感到主要的困难在于对这些行业和公司的产品、服务
以及特定的文化缺乏预知。在学术研究方面，我的主要研究方向是商业性的
专业服务①，我对与某种管理咨询服务有关的营销、采购和实施的机理的预
知比较丰富。这些知识的获得来自我从事的研究和亲身经历两个方面。我曾
为两个广告代理商提供过咨询，曾经亲自参与发动过广告大战，而且也曾是
一家广告公司的客户。尽管在项目开始之前，我对广告代理商的运作状况有
很多预知，但是（随着项目的逐步展开）我还是感到不太满意。在另外一
项任务中，我曾和一家建筑行业的咨询公司一起工作，而我对这个行业的技
术、采购过程、定价以及工程师的价值体系的知识非常肤浅。在研究过程
中，我在对咨询服务的营销和采购进行案例研究时，经常采取与买卖双方进
行访谈的方式。在这个项目完成后，我在连续三年的时间里，平均每周都要
抽出一天的时间和一家最大的建筑咨询公司一起工作。我的任务是对他们进
行营销甚至是战略和组织等方面的培训。通过书面报告、访谈、项目任务、
催化剂和研讨伙伴的角色等途径，我获得了不少接近的机会。尽管这些接近
方法加深了我对建筑咨询行业的了解，但我仍然有许多地方感到不是很满
意。如果能够与这个行业建立更加密切、更加亲密的关系就更好了。
　　Rudberg 的回忆录中有些话对预知作了进一步解释。他说，咨询师"经

---

① 　Gummesson，1977.

常因对一些小事的误解而对整个事情完全误解了。"①②他对 Beijerinvest 投资公司接管他的铸铁厂作了如下评论：

> Wall（买方的 CEO）对他将要担负责任的公司有些什么了解呢？他应该知道什么和他又能够知道什么？他所知道的只是会计公司提供的报告上的内容……他自己对目前所遇到的实际情况是一无所知。③
> ……（他）对重工业的复杂状况完全是一窍不通。他无法深入到他所面临的现实中去。一个门外汉总是相信那些适用于贸易公司、批发商以及类似 Beijerinvest 公司这类大型跨国联合企业的财务控制方法就可以使（新的公司）走向正确的轨道。或许他根本上就没有意识到自己的无能，更没有意识到由此导致的一些灾难性后果。④

尽管这家铸铁厂也聘请了公众会计师对公司的远景进行分析，但是这些都只是从年度报告、内部文件、与董事会主席的谈话、现任和前任首席执行官以及现任和前任财务负责人那里搜集的二手知识。⑤ 对于阅读这份报告的那些读者来说，这些报告又变成了第三手的熟知了。

Rudberg 在回忆录中也描述了如何将一位经验丰富而且熟悉工业制造过程的专家召进公司的相关细节：

> Alde Nilsson 的访问很快得以安排。他参观了公司的很多地方而且提出了许多富有价值的建议。他老到的眼光很快在公司中捕捉到一些"夹脚"的地方。生产流程很快恢复了正常。Alde 认为问题在于：要想保持生产系统的平衡，在生产过程的最后环节必须保持一定的拉力。这种拉力一定要让整个生产过程都能感受到。这种拉力要是能够

---

① Rudberg, 1979, p. 218.
② 类似于"小错酿成大祸"的说法——译者注。
③ Rudberg, 1979, pp. 276-77.
④ Rudberg, 1979, p. 321.
⑤ 同上，p. 268。

与对原材料供应不足的不满意感结合起来的话，效果还会更好。目前，你们公司就像一个被哽塞的发动机一样。如同一台燃油混合得太多的时候的汽油发动机，它会在工作的过程中窒息。①

结　　论

研究者/咨询师如果缺乏预知，意味着他们的工作就会存在很多缺陷，而且可能会走上歧路。我特别想指出的四个问题有：

第一，研究者/咨询师很容易针对某个问题列出一系列的影响因素以及它们之间的关系，但是如何对这些因素和关系赋予合理的权重就困难得多了。也就是说，要决定它们之间的相对重要性以及孰先孰后很困难。

第二，研究者/咨询师选择的某种接近方法无法让信息提供者给出相关的答案或者反应。第二章开篇的例子说明了这个问题。

第三，研究者/咨询师对缺乏接近和预知所造成的后果认识不足，相反他们过于关注如何用先进的统计方法分析并不充分的实证资料。

第四，研究者/咨询师很容易受到管理学中时髦问题的左右，他们总认为这些流行的方法和方案就是"正确"的。

研究者/咨询师能够在较长的时间内通过多种途径进一步发展他们的预知。通过参与不同的变革过程，他们的经验会随着时间的增加而增加。当然，前提条件是他们所参与的项目在本质上不（都）是重复性的。能够和经验丰富的研究者/咨询师一起或者在他们的指导下工作非常重要。通过先前在一些公司获得的工作经历，研究者就能够对公司环境以及相关的问题得出自己的感受。

通过教学和文献研究也可以发展个人的预知。但这些从书本上得来的知识如果没有机会在实际情况中得到应用的话，其边际效用就会逐渐递减。

研究者/咨询师要增加自己的预知，按照我个人的经验，最好的机会就是积极参与某个过程，而不是只做一名过客或者旁观者。如表 2.1 所示，变革代理人的角色对研究者/咨询师提供接近和提高预知水平的帮助比其他任何角色都要大。

---

① Rudberg，1979，p. 222.

但是，传统的研究生研究体制和学术体制内的奖励制度对研究者如何循着上述办法去发展他们的预知没有任何鼓励作用。

我个人的结论概括如下：

研究者/咨询师面临的最大难题是如何获得有关机构及与社会互动过程方面的知识。因此，研究者/咨询师亟需提高他们在这方面的能力。

在对学术研究质量进行评价时，预知和接近没有受到足够的重视。通过一手经历获得的知识和通过中间媒介获得的二手知识之间必须谋求一种平衡。目前，研究者和咨询师都是二手预知的牺牲品。

如何获得与公司之间的满意接近是研究者/咨询师能否发展他们的预知和熟知，以及能否提高他们的专长的必要条件。

最后我想提醒大家：尽管本章重点强调的是预知的重要性，大家一定要谨防屏蔽性预知。这种预知容易带来偏见，而且会制约个人的创造性和创新能力。对新的信息，哪怕是干扰性的和令人不快的信息，都要尽量保持开放的态度。在开展研究和咨询任务的初期阶段，必须谨慎运用基于所谓的扎根理论所做的归纳研究方法。

接近、预知和熟知的问题在后面的章节中将做进一步的讨论。

第四章　案例研究方法

变革代理人的工作与案例研究密不可分。案例研究方法在管理研究中的应用也已经越来越多。在很多大学里，有关营销、战略、组织等方面的博士论文常常会以某个案例研究作为研究的基础。

本章将重点讨论接近、预知以及从决策、实施和变革过程中获得的一手经历对于学术研究和管理咨询的必要性及其价值。[①]

在案例研究中也会用到多种信息搜集方法。如果要彻底地分析某个过程，就离不开研究者在这个过程中的个人观察。这种个人观察是研究者参加、参与某个具体过程甚至对其进行干预的结果。参与性观察（participant observation）是人类学和人种学的核心思想；通过积极的介入进行参与则属于行动研究（action research）或者行动科学（action science）的研究方法。尽管定量方法有时能起到很大的作用，但是从信息搜集和分析的角度来看，无论参与性观察或者是行动科学研究都离不开定性方法。

本章共分四节。第一节讨论了案例研究的基本原理以及案例研究法中容易引人注意却也容易遭人误解的三个方面：一是从数量有限的案例中进行归纳的问题；二是采用历史分析法和未来研究法两种工具去掌握公司动态；三是禁忌的存在及其处理办法。

第二节阐释了行动研究/行动科学概念的涵义以及将研究者和咨询师角色相互结合的可能性。第三节探讨了数据搜集与分析，尤其是非正式的深度访谈法以及观察法等定性方法及其在研究和咨询中的应用问题。最后一节讨论了一个令人困惑的问题：事实究竟是什么？小说是否要比事实还要真实？结尾部分是对本章的小结。

对案例研究法的赞成意见与反对意见

案例研究的特征各不相同，有两类案例特别值得关注。一类是试图从为

---

① 对案例研究法的进一步详细了解，可参阅 Eisenhardt, 1989, abd, Yin, 1994。

数不多的案例中得出一般性的结论（general conclusions）。例如，有人试图从个别或者少量制造业公司的营销过程中得出有关 B2B（组织对组织）营销的结论。另外一类是希望从某一个案例中得出具体的结论（specific conclusions），其原因在于"个案历史"非常有趣。① 第三章中引用 Rudberg 关于铸造厂危机的一段话就属于这种类型。这是关于如何用令人信服的方式解释某个具体的事件的问题。② 两类案例研究都有可能得出具有普遍意义的结论。

案例研究也可以用于教学。在教学中，可以要求学生运用参考文献中的某个理论和模型并结合他们的个人经历对某个实际案例或者虚拟案例提出对策。这种方法取代了过去仅限于从课本上获取知识的传统模式，是一种在课堂内创建管理实验室的尝试。课堂上如何进行案例讨论不是本书研究的对象，重点在于案例研究在管理研究中的应用问题。

Yin③ 分析了案例研究的三种用途：探究性（exploratory）、描述性（descriptive）和解释性（explanatory）。经营学科习惯于把案例研究用于探究性方面：试验性研究有助于提出更加精确的问题或者为假设检验提供依据。

描述性案例研究中的描述属于试探性，如对新产品开发和投放到市场上的情况进行描述。描述往往被比作预测和开处方，但是在科学界里却得不到应有的尊重。"这只是一篇描述性的论文！"Sen 在他的论文《描述只是一种选择》（*Description as Choice*）中提到，因果描述被看成是一种最简单的"科学休息"，"描述只是作些简单的观察和写写报告而已，或者是读读他人的报告再作点总结，最多是如何使之自成体系的问题罢了。描述性的言论能否被接受主要取决于其正确性以及是否只需要通过观察就可以解决问题。"④ Sen 认为这种观点十分荒谬。⑤ 在进行描述时，我们还是要有所取舍，要想做出选择就离不开范式、接近和预知的指导。没有哪种描述是可以在没有分析和解释的情况下完成的。

探究性和描述性案例研究经常受到无端的贬损。它们总是被认为比其他方法要低人一等。案例研究的第三种用途是解释性研究。这种研究方法也经

---

① Strauss 和 Glaser（1970，pp. 182-93）将第一类称为"案例研究"，第二类称为"案例历史"。

② Odman（1979，pp. 106-84）从解释学角度对案例进行了解释。

③ Yin，1994，p. 13.

④ Sen，1980，pp. 353-69.

⑤ 同上，p. 353。

常被商学院的主流教授们投以怀疑甚至是恐怖的目光。在我看来，案例研究对于研究公司内部流程以及解释性的研究非常有用。

Kjellen 和 Soderman① 认为案例研究的用途还有：提出理论和促进变革。按照两位作者的观点，变革过程要想取得成功的话，研究者就必须了解有关所研究的组织及其"演员"（actors）的基本知识，必须能够提出一些适用于该案例的语言和概念，还必须将精力集中在过程方面以便能够获得熟知②而不光是为了寻找某种因果解释。

如前所述，术语和概念在某些背景下可能是明确的，在另外一些情况下则有可能是模糊不清的。探究性、描述性、解释性、理论提出、促进变革这些概念之间的区别并不是十分明确，对它们如何进行辨别我也不是很满意，尤其是当它们被错误地用于对科学中的研究战略进行优劣排序的时候。不能孤立地认为只有那些探究性案例研究和描述性案例研究可以用于理论归纳，而描述性案例研究只不过是解释性的。

案例研究的一大优势是为整体上认识某个过程创造了机会：

> 通过案例研究方法进行详尽的观察有助于我们对不同方面进行研究；有利于将它们之间相互联系起来；有利于在整体环境范围内对过程进行观察；有利于充分发挥研究人员的理解能力。因此，案例研究为我们提供了从整体上观察某个具体研究项目的机会，这种机会要比其他方法多得多。③

整体论（holism）往往被看作还原主义（reductionism）的对立面。④ 归纳主义方法一般是把研究对象拆分成若干个单独部分。这种方法可以追溯到公元 17 世纪，Descartes⑤ 和 Newton⑥ 在当时就提出整体是由部分构成的。受这种观点的影响，大量研究被化整为零，出现了许多支离破碎、相互独立

---

① Kjellen 和 Soderman，1980，pp. 30-36。
② 同上，p. 35. 在解释学和现象学中，用德语 Verstehen 来替代英文中的"了解"已被广泛接受，另见 Weber，1968。
③ Valdelin，1974，p. 47.
④ Capra，1982，p. 85 ff.
⑤ 笛卡儿，1596～1650，法国哲学家、数学家、物理学家——译者注。
⑥ 牛顿，1642～1727，英国科学家——译者注。

的零散研究。之所以如此，是因为人们相信这些东西就像拼图游戏一样，最后可以还原成一个完整的图片。但是，从整体论的观点出发，还原后的整体是不可能与原来的整体一模一样的。因此，这种整体只能被看作原有研究对象的主体部分。在这种情况下，案例研究谋求的是对某个具体现象或者系列事件的整体认识。要做到这一点需要花费大量的时间，而且光靠一个或者几个深度案例研究是难以完成的。

案例研究在应用社会科学中有着独特的价值，尤其是那些旨在为实践者提供工具的研究领域。Alloway 认为："当研究结果的用户是那些需要实施这些结果的经理人员时"①，案例研究就特别有用。对于管理咨询师来说，这一点尤为明显。他说：

> 面向实践者的研究……承担着额外的负担，需要从研究结果中提炼出对策性建议，这些对策性建议一要容易理解，二要便于实施。经理之类的用户如果熟悉案例研究中所用的语言、数据格式和分析方法就会获得一定的优势。另外，所搜集到的数据由于概念和描述都很丰富，实践人员对这些研究结果是否适合于他们的环境就能够自行作出评价。②

对案例研究最多的批评就是认为它不如那些基于大量观察的随机统计抽样方法。但是近几年来，案例研究已经受到了越来越多的管理学者的欢迎。例如，在营销界，北欧学者在案例研究的应用方面比那些片面强调定量方法的北美学者要充分得多。③ 现在，案例研究在美国的应用也似有增加的趋势。

医学研究人员认为案例研究的科学价值十分有限。它们往往被当成某种"趣闻"而遭人不屑一顾，但是人们也不能否认它们同样可以成为思想之源、旁证以及假设验证的依据。④ 医学博士的熟知建立在他们对单个病例的学习能力上。被尊称为医学之父的 Hippocrates⑤ 的划时代著作就是建立在少

---

① Alloway，1977，p. 2.
② 同上，p. 3。
③ Mattsson，1982，p. 24.
④ Lindahl 和 Lindwall，1978；Hesslow，1979；Sjostrand，1979。
⑤ 希波克拉底，公元前 460～前 377？古希腊名医，世称医学之父——译者注。

数几个病例的基础之上的。

有位作者把案例研究称为急救方法:

> 显而易见,不管案例研究的计划多么完善,它们还是缺乏科学性以及常规研究方法的普遍适用性。在有些领域它们只能是一种可能的研究战略。另外,如果研究的案例数量比较多的话,它们可以被用于理论的发展以及为诊疗提供指导性意见。[1]

上述引言用"显而易见"开头。我个人不太同意接受科学中所谓"显而易见"的东西,尤其是当常规的研究方法不适合用来研究公司内部的决策、实施和变革过程的时候。

认为案例研究不能成为科学的研究方法的批评意见可以概括为如下三点:[2]

- 案例研究缺乏统计上的可靠性和有效性
- 案例研究可用于提出假设但不能验证假设
- 案例研究不可能建构具有普遍性的理论

下一节将对上述三种批评意见进行讨论,重点讨论从一个或几个案例研究中得出普遍性结论的问题。

从数量有限的案例研究中建构理论

研究者和咨询师都认为知识应该具有普遍性。研究者的目的是发展和检验理论,咨询师则是为了提高他们的技能。其寓意就是这种普遍性必须具有价值。最初我也有类似的想法,但是普遍性的含义究竟是什么,我一直拿不定把握。数量有限的观察不能作为理论建构的依据,这一点似乎不再那么"显而易见"了。在大量的观察基础上所做的统计研究能否归纳出有意义的结论,也不是"显而易见"的事情了。

商学院经常讲授如何运用统计抽样得出具有普遍性的科学结论。很多人,其中不乏研究者和咨询师,认为除了这种(统计)方法以外,就没有

---

①   Rubenowitz, 1980, p. 35.

②   Hagg 和 Hedlund, 1978, pp. 7-13。

其他可以归纳出一般性结论的方法了。一些研究生说："在 20 个待调查的可选案例中，用随机抽样法我们只抽出了 2 个"，于是认为这种过程就能魔法般地扩大理论建构的范围。一些把研究建立在一个或者几个案例基础上的研究人员经常在报告中写道："由于观察（对象）太少，自然不可能得出一般性的东西。因此，本研究只是一种为了寻求探究性假设的尝试，结果还有待将来进一步检验。有些证据只是一些趣闻而已。"但是，（我认为）从统计抽样中进行概括只是理论建构的一种形式，而不是普遍的形式，而且这种方法并不适用于案例研究方法。要想通过案例研究概括出一般性的结论就需要另辟蹊径。

我对该问题的看法受到 Normann 的影响较大。Normann 本人在咨询和研究中运用了大量的案例研究。

如果你能够很好地运用描述性和分析性语言的话，这样你就能够掌握系统内各要素之间的互动情况以及该系统的重要特征，因此从少数或者个别案例中进行理论建构的可能性就会很高。这种理论建构方法就是其特点之一。从案例中有可能概括出某类结论，如："A 型系统和 B 型系统一起形成了一种机制，这种机制在某种具体情况下可以发挥作用。"从另外的一个方面来看，人们却无法从中得出这类系统和互动模式能否普遍适用的结论。尽管如此，这种案例数量上的综合性为从单个案例中进行理论建构提供了可能性，因此，这使得（人们）能够对结构、过程和驱动力有个根本性的了解，而不仅仅是一种对相互关系或者因果关系之间的肤浅认识。①

上面这段话指出了一般性的两个维度：一个维度是基于大量观察所作的定量研究需要确定观察的数量、频率、频次等问题；另一个维度是为了弄清楚某个现象（如公司战略变化的影响）需要在大量调查和分析的基础上进行深度研究，揭示觉察到可能在别的公司也存在的机制。

在营销学界，尤其是在美国，传统的研究方法局限在统计和数学方法以及与行为科学的调查方法的结合上。自 20 世纪 80 年代以来，焦点小组——

① Normann，1970，p. 53.

一种小组访谈的定性研究方法越来越受到人们的欢迎。① Bonoma② 主张在营销理论和研究中多用定性方法。不过，他提醒人们在使用定性方法时必须注意，通过这种方法建构出的营销理论不一定具有普遍性，而且他们要有思想准备去对付一些令人生厌的新数据，并对他们的结论加以修改或者修订。

我认为这是研究者/咨询师的研究范式中所固有的一种态度。我认为"科学是一个旅程，而不是目的地"。这句话也可引申为："科学是一个旅程，现有的理论不是其目的地。"因此，不能把新的数据看成令人生厌的，这些新数据不仅不会"摧毁"现有的理论，反而会起到扩展和完善的作用。

科学哲学家认为社会科学领域内的研究是一个连续的、永久的了解过程，这个过程是无法接近最终的"真理"的。他们是从不同的角度出发得出这种结论的。Popper③ 认为，首要的事情是使提出的理论有可能被证伪，而不是去验证理论。所以说，理论是一个不断发展的过程，在这个过程中理论的提出者要不断地对他们的创造性进行检验，以便在必要的时候将这些理论摧毁掉，或者代之以更好的理论。

物理学家/哲学家 David Bohm 说："科学首先是一种对新的环境和新的形式进行连续感知的活动，其次才是获得某些所谓的知识的手段。"④ Shipman认为："一个社会研究者是一位开拓者，原因在于他所搜集的数据有可能带来理论模型上的变革，这种模型明显或不明显地成为他工作的基础。陈旧的理论在新的数据面前会变得哑口无言。"⑤他以 Boyle 关于煤气压力和容积之间关系的定律为例⑥，指出：由于原因在于所有条件都是可控的，重复实验只能证实这个定律，除此以外不可能有其他收获。

人类和企业环境一样，各自都有着与众不同之处。但企业环境中存在着一些不可控因素，譬如顾客和竞争者，往往会使结果出人意料之外。经营研究的环境不同于自然科学，测量和观察时所用的概念含义很难保持一致。因此，现有的理论在新的调查中就有可能被证明是不合适的。Shipman 又指出，经济学的焦点是普遍性行为（generalized behavior），经济学家对人类行为进行叠加和简化时并没有考虑个人习性："在接受预测能力测试时，经济

---

① 参阅 Krueger，1994，和 Greenbaum，1998。

② Bonoma，1985a，p. 206.

③ Popper，1979，pp. 40-41.

④ Bohm，1977，p. 374.

⑤ Shipman，1982，p. 26.

⑥ 玻意耳，1627~1691，英国化学家、物理学家——译者注。

学家的成绩非常糟糕。如果经济学家的预测可靠的话，他们就有信心操纵股票市场。实际上，股票市场上剩下的只是业余的（经济学家），那些有钱的股票经纪人。"①

普遍性与有效性（validity）密切相关②，也就是说，研究者在多大程度上能够把他们的方法用于已经发现的研究内容之中，而不是去寻找新的研究内容（有时他们对此并不知晓）。科学更青睐可靠性标准，简而言之，这意味着两个甚至更多的研究者如果为了同样目的研究同一个现象的话，就应该能够得出大致相同的结果。因此，可靠性高的研究应该具有可重复性。可靠性有三个方面的功能：

1. 警察功能：对那些不诚实的研究进行管制并将那些坏研究者抓捕归案。

2. 智力测试：科学家是聪明还是愚蠢？他们的推理是否合乎逻辑？

3. 有效性的替代品：当有效性难以达到的时候，用可靠性去取而代之。可靠性所起的作用就是"有效性的拐杖"。研究者确立可靠性并假定有效性。

有效性的实质就是要求用某个理论、模型、概念或者范畴所描述的现实与实际非常一致，就像一幅好的地图描述地球，或者建筑师的蓝图有助于建筑功能完备的大楼一样。如果地图连地形都反映不了，那么多数人宁愿相信地形而会舍弃地图。科学的训练有时往往会使人看不清大自然，而科学家宁可选择地图而放弃地形。

让我们一起来看看图 4.1 中 Reutersvard 所画的图。如果建筑师把蓝图描绘成这样的话，而且建筑工人能够建出图中那种楼梯的话，现实作出的回答将是有效性为零。建筑师的发票能否报销都会颇费周折。问题是，管理学科中有多少理论、模型、概念和范畴就像"Reutersvard 式楼梯"一样呢？管理理论的有效性并不能像建筑师的蓝图那样得到明确的检验，他们所面临的环境中不可控变量太多，而且效果难以显现。

如果我们把这幅蓝图退还给设计师，要求他们重新设计一幅新图出来的话，或许这幅新图又变成了图 4.2 中的模样。图变新了，还变整洁了，但是

---

① Shipman，1982，p. 31.

② Taylor 和 Bogdan，1984，p. 7。有效性和可靠性分类见 Yin，1994；Kird 和 Miller，1986；以及 Nachmias 和 Nachmias，1987，pp. 167-76。

仍然缺乏有效性。①

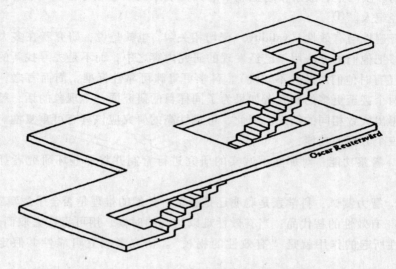

资料来源：Impossible Figure by Oscar Reutersvard，1984，p. 37

图 4.1　　Reutersvard 式楼梯之一

　　在对案例研究的有效性和一般性进行分析的时候，我为上述论断找到了一些新证据。有效性可以看作"一个与理论相互融合的过程，一个需要研究者不断地对其研究中的假设进行评价、对结果进行修正、重新对理论和模型进行检验以及对局限性重新进行估计的过程。"但是，危险也是存在的：

　　　　有效性的过程对研究者提出了很高的要求。有效性过程中所用的原理和规则如果得不到明确界定的话，研究结果就很容易出问题。如果对某个方法及其结果的缺陷进行开诚布公的探讨的话，将有助于提高这类有效性过程的质量。②

---

①　两个楼梯模型由 Reutersvard 提出（1994，p. 37 和 p. 61），其光学错觉解释见 Ernst，1992。

②　Hagg，1982，pp. 95-99；援引自 pp. 97-98。

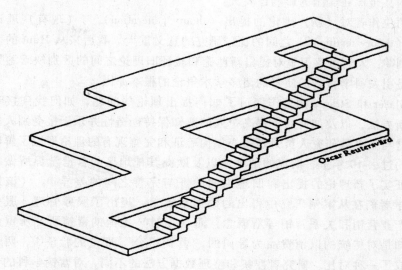

资料来源: Impossible Figure by Oscar Reutersvard, 1984, p. 37

图 4.2　　Reutersvard 式楼梯之二

管理学的理论只有用于行动才会有效。当我们阅读 Carlzon （SAS，斯堪的纳维亚航空公司）、Gates （Microsoft，微软公司）、Geneen （ITT）、Iacoc-ca （Chrysler & Ford，克莱斯勒和福特公司），McCormack （国际管理集团，International Management Group, IMG）、Sculley （Pepsi & Apple，百事和苹果），Sloan （通用汽车）以及其他一些成功的商业领袖的著作时，我们会发现他们在公司经营方面都很有思想，而且都有过成功挽救一个或几个公司的辉煌业绩。虽然我们并不清楚他们的叙述、结论和建议是否正确或者是否具有普遍性，但是这些叙述、结论和建议肯定富有远见，听起来真实，赢得了可信性。用 Shipman 的话来说，他们的书也就"掷地有声，充满了有效性。"①

要不是拜读 Glaser 和 Strauss 的著作《扎根理论的发现》 （*Discovery of Grounded Theory*）②，阅读他们最近的研究报告，并与 Barney Glaser 亲自讨论，我还不会意识到我自己的理论也可以划归扎根理论之列。尽管他们的著作是从社会学的角度出发，但是在管理研究领域也受到了高度关注，在欧洲

---

① Shipman, 1982, p. 139.
② Glaser 和 Strauss, 1967；Strauss 和 Glaser, 1970；Glaser1978。

的影响甚至比在美国的影响还要大。

　　两位作者对（新）理论的提出（theory generation）与（现有）理论的验证（theory testing）① 之间的比较研究的意义重大。我后来从 Hunt 的著作中读到②：人们潜意识里对提出新理论和验证旧理论之间的区别缺乏鉴别能力，是引发科学报告的质量的诸多学术争论的根本原因。

　　Glaser 和 Strauss 的著作探讨了如何提出理论的问题，如何找到接近现实的新方法，以及如何为了提高个人的熟知保持创造性并乐于接受别人的意见。这与大多数研究人员只是关心如何验证和完善现有的理论形成了鲜明的对照。过去 10 年里，斯堪的纳维亚以及欧洲其他地区的营销学界所做的一切也证实了新理论的提出和旧理论的验证与完善之间的差异③。（该地区的）学者们在从案例研究中得出的数据基础上，提出了服务管理、服务营销、产业营销和关系营销等新概念，而（当时）主流的营销研究所重点关注的却是对传统的以消费品为导向的"营销组合"理论的验证④，两者之间形成了一种对比。研究者搜集和整理数据方法的不同，对营销学科的认识也迥然不同。

　　上述例子印证了 Glaser 和 Strauss 的方法中的一个基本观点：理论和模型源自对现实世界的观察，而不应受到权威理论的左右，就像前面关于归纳研究和演绎研究的比较一样。但是，这是否意味着那些具有一定普遍适用性的理论和模型就可以建立在数量有限的案例基础之上呢？答案是肯定的。"证据的准确与否对于理论的提出并不重要，证据的类型以及案例的多少也不重要。从单个案例中有可能得出某类一般性的概念或者有价值的东西，一些案例可以证实这种迹象。"⑤ 例如，Fleck⑥ 只使用 Wassermann 梅毒检查法（reaction）一个案例就证明了的"事实"的紧迫性。⑦ 通过这个唯一案例，他就归纳出了科学家应该如何工作以及如何提出科学结果的结论。

　　Glaser 和 Strauss 提出通过运用比较法可以确定所需案例的数量和类

---

　　①　Glaser 和 Strauss，1967，pp. 1-15。

　　②　Hunt，1983，pp. 21-25.

　　③　Gummesson，1977，1999；Gronroos，1990.

　　④　指包括美国在内的许多西方传统的营销教育中主要依赖基于消费品营销的营销组合理论的美式教科书。

　　⑤　Glaser 和 Strauss，1967，p. 30。

　　⑥　Fleck，［1935］1979。

　　⑦　瓦塞尔曼，1866～1925，德国细菌学家。

型①，即选择那些能够代表现实的不同方面的案例，即理论抽样。这是一个连续抽样的过程，研究者在这个过程中要一边对数据进行搜集、编码和分析，一边要对下一步需要搜集什么和到哪里去搜集作出判断。有时候，案例选择的依据可能是彼此之间存在着差异。例如，对服务营销的研究可能需要从银行业、清洗公司、旅行社、咨询公司、医疗门诊等行业中选取案例。然后，对这些案例进行分析，找出其中的共同点和差异所在。在这个例子中，不同服务部门的定价策略可能差别很大。如果要得出服务部门定价决策的一般性结论的话，需要的案例就会多一些。但是，如果不考虑服务行业的具体类型的话，只是研究顾客以及服务的交付者之间的互动对顾客的服务感知质量的影响，所需要的案例只要一个或者几个就够用了。

具体研究中究竟需要多少案例数量取决于饱和度（saturation）的大小②，即每增加一个案例逐渐减少的边际贡献。当新增的案例的边际效用接近零时，研究者就没有必要增加案例的数量了。Patton 用目标明确的抽样（purposeful sampling）说明了类似的问题，他列出了其中的 16 种差异。③

普遍性的问题还可以做进一步的探讨：在社会背景下去概括出一般性的结论是否有意义?④ 然而有人却认为"这是愚蠢的。"⑤ 一般化的对立面是具体化（particularization）⑥，意味着社会现象作为特定环境的一部分，很容易发生改变，对它进行一般性概括的意义并不大。组织的权变理论认为，对于一个公司来说，其组织结构本身无所谓"正确不正确"，需要根据具体的环境来判断。营销理论从传统的营销范式向关系营销范式转变，意味着营销开始舍弃集中营销模式⑦，开始从重视消费者共性转向关注消费者的个性。理论成了本土化的理论（local theory）。当理论可用于某个具体情况时，社会背景下的知识就出现了。Gustavsen 和 Sorensen⑧ 在讨论行动科学时也特别强调了本土化理论的重要性。他们认为，本土化理论是一定社会条件下唯一可以创造出的理论。Cronbach 指出："如果我们对社会条件赋予一定的权重的话，任何形式的理论建构都只不过是一个正在发挥作用的假设，而不是

---

① Glaser and Strauss, 1967, pp. 45-77.
② 同上，pp. 61-62。
③ Patton, 1990, pp. 182-83.
④ Patton, 1980, pp. 279-83.
⑤ 同上，p. 281，援引自 Blake。
⑥ 同上，p. 280。
⑦ Gummesson, 1999.
⑧ Gustavsen 和 Sorensen, 1982, p. 151。

结论。"① Argyris 也认为，应该"同时重视一般性以及单个案例的问题"。②

我们的知识中包含着一系列指导性的假设，但是这些假设不能被看作对某个观点的承诺。这一论断与 Glaser 和 Strauss③ 关于理论的敏感性的观点十分吻合。一旦有了新的数据，研究者就有可能对现有理论形成超越（transcend）并创造出新理论④，而对先前的结果、确凿的事实以及该领域受人尊敬的一流教授们不管不顾。因此，社会背景下的一般性很有可能成为一种歧视，将熟知屏蔽在外，并难以形成新的预知。

本节首先讨论了一般性（generalization）的优势，然后对与这个概念的诸多猜疑进行了讨论。只要人们致力于追寻新的知识，只要还没有找到最后的真理或者说目前最好的真理，就没有必要急于去寻找传统意义上的一般性结论。

历史分析法以及/或者未来研究法

在研究公司的重大变革问题时，历史分析法经常被当作最重要的分析工具。但是，历史分析法还未能像未来研究法一样被整合到管理科学（或者管理艺术）中来。文献资料中有关规划的模型中一般包括"定位审计"、"预测"、"背景"，有时还有一些历史概况方面的肤浅内容。

公司所作的预测、未来展望、市场研究等内容属于长期战略规划和年度预算的范畴。公司在运用这些方法时面临很多不确定性。对预测和规划的兴趣来得快，去得也快，而且制定的方法也是变化多端。缜密的、结构严谨的规划常常会被一些对未来的想象和定性推测取代，也有可能被缜密的新规划替代。⑤ 20 世纪 80 年代，欧洲一家大银行的总裁曾把规划抛到一边，认为要是对现在都把握不了，还谈什么对未来的研究。⑥

规划期限的随意性往往也很大。前苏联总统 Gorbachev 为了把计划经济转向市场经济，把原来的 5 年规划期限缩短到了 500 天。日本人以具有远见而著名，据说有的规划期限甚至长达 240 年！一位美国咨询师告诉我，他曾

---

① Gronbach 援引自 Patton，1980，p. 280。
② Argyris 等人，1985，p. 84。
③ Glaser 和 Strauss，1967，pp. 46-47。
④ Glaser，1978，pp. 6-7.
⑤ 详见 Mintzberg，1994。
⑥ Wallander，1994.

被一家日本公司聘去协助制定短期计划。他的想法只不过是做一种年度预算而已，结果聘方所指的最短规划都是以 10 年为期限的。相比之下，美国以及一些欧洲公司的总裁们每 3 个月、甚至是每个月都要受到投资人和财务报告人的烦扰，需要经常向他们提供利润和发展正在得到改善或者继续的证明。

对公司历史如何进行系统的分析，具体做法不尽相同。公司一般都有书面的历史记载，这种记载一般是以年度为单位。有些公司的历史由专门的学者负责记载，记录形式有些是新闻报道体，有些只是记录了公共关系方面的小花招。所有这些撰写法并没有考虑公司的生存和好转。

很多学者主张多用些历史分析法，至于公开的反对意见迄今尚未听到。本节讨论将以这些观点为基础。另外，我将依据自己的咨询经历和文献阅读对历史分析法进行评价。

历史分析法不是简单地追溯过去，而是要体现一种观点。这种观点就是历史永远是现在的，而且新的历史是在现存的社会、政治和经济现实基础上创造出来的。① 历史应该被看作解释现在和未来的工具，是一座"解释的桥梁。"② 对人类和社会问题的研究一定要放在历史和社会的大背景下进行③，而组织的研究还主要是非历史性的。公司历史不能只是用作肤浅的背景材料，而是要当成一种具有可操作性的工具。系统分析历史的目的不只是为了发现"历史性的真理"，还应该要反映出能对行动产生刺激的历史多样性④。因此，历史分析法在战略和组织问题方面可能会发挥的作用有：

> 有助于唤醒组织内的沉睡者；在公司士气低落时能够提高自信心；通过对早期的知识发展过程进行研究能够创造出新的知识；有利于发展新的和特殊的能力；有利于打破恶性循环；有利于发现成长的根本。⑤

Kjellen 和 Soderman 极力主张在案例研究中使用历史分析法，他们的观

---

① Arbnor 和 Andersson，1977，p. 85。
② 同上，p. 94。
③ Arbnor 和 Andersson，1977，p. 47。
④ 同上，p. 93。
⑤ 同上，p. 63。

点主要是基于如下信念：

> 　　如果对公司的历史缺乏了解，就无法了解一个组织的实际状况，譬如公司是经历了怎样的过程才发展到现在这种状况的。另外，组织的内在本质以及其他社会体制中的一些主要特点是难以从表面上观察出来的。如果不对它们的行为进行一个长时期的研究是很难得出任何结论的。①

　　Kjellen 和 Soderman 对此提出了许多实用的建议。首先，需要采用"里程碑分类法"对公司环境、所有制结构、生产过程、产品/市场组合、组织和管理中发生的重大变革进行阶段划分；其次，要对"重大事件"及其背景和结果进行分析。

　　Smith 和 Steadman 认为企业历史工作者的角色为：

> 　　企业历史工作者承担几项重要职能。首先，要详细了解公司历史；其次，将这些历史告诉今天的经理人员；最后，还要承担变革代理人的角色。为了履行这些职能，历史工作者还得接受如何做一名学者和教师方面的培训。历史工作者在帮助经理人员增加对公司的熟知的同时，也增强了自己引导和参与变革的能力。②

　　对历史分析法的作用持反对意见的并不多，对这种分析法最不利的一个事件是历史学家、政治科学家、经济学家、统计学家、政治家、记者、外交家以及一些"苏联专家"对东欧剧变大都始料未及。③

　　对于那些怀疑一切的人们来说，要想找出能将历史分析法置于死地的最新例证可以说是信手拈来。但不幸的是，问题要复杂得多。

　　1997 年 7 月由泰国经济崩溃所引发的亚洲金融危机，连一些权威的国际金融机构也未曾料到，1997 年 9 月，国际货币基金组织（IMF）在香港召

---

　①　Kjellen 和 Soderman，1980，pp. 26-28，援引自 p. 27。
　②　Smirh 和 Steadman，1981，p. 165。
　③　Elson，1990，pp. 52-53.

开的一次会议上，没有任何人对于印度尼西亚的经济稳定性提出过质疑，可是会后不久印度尼西亚的经济就垮了。这种失算的原因在于大家普遍认为印度尼西亚的经济是最不需要担心的。①

20 世纪 80 年代末，美国金融分析家 Judy Shellton 在一个研究项目中发现很多国家的负债真相（很多国家的官方数据的有效性都很低，有时甚至是为了蓄意欺骗，因此没有多少研究者和咨询师会采信这类数据）。她经过研究得知前苏联的实际债务高出官方统计的 2 倍以上，因此她把专家们出错的原因归结于"金融人士在经商，经济学家和政治科学家却在作研究。"②

脑外科医生 David Ingvar 从一个完全不同的角度研究了大脑的生物功能和神经系统与组织环境中人的行为之间的关系。③ 他把生物神经系统与组织行为的结合称为生物神经管理（neurobiological management）。他的研究成果之一就是发现人脑中某个区域专门负责识别过去、现在和未来，而这个区域可以从生理上识别出来，甚至可以拍摄得到。

Elton 在《历史的实践》（*The Practice of History*）中指出："未来是茫然的，现在是一种负担；只有流逝和已经结束的过去才值得沉思。"④ 过去是我们的预知，而现在是我们正在感知到的某种刺激。对于商人来说，现在就是最新的销售数据、竞争者采取的降价活动或者与银行之间的冲突。他们将自己对过去经历的感知与未来进行比较。他们对比较的结果可能感到十分惬意，也有可能感到坐立不安。如果在当时当地能觉察到某种错误，他们可能会变得情绪激动和十分焦躁，结果可能是大病一场。患胃溃疡和高血压的执行经理人员俯拾即是。对人脑的最新研究显示，人脑中某个专门区域负责规划未来，它包含着某种"未来程序"。

组织是由个体构成的，一个组织在过去或多或少地成功地建立了共同的价值观、历史和文化。现在所发生的一些事情可能会为未来带来希望，也有可能带来忧虑。不管是个人还是组织，如果我们对过去、现在和未来缺乏了解的话，我们的行为就会显得失常和紧张，如与人疏远、冲动好斗或者疲惫不堪，等等。如果我们对公司的创始人、传统、象征、体制、流程等历史缺乏了解的话，我们会感到非常贫乏。如果对现在和未来缺乏了解的话，情况

---

① 美国纽约联邦储备委员会主席和首席执行官 William J. McDonough 1998 年 6 月在瑞典斯德哥尔摩 Svenska Dagbladets Executive Club 上的讲话。

② Nilson, 1989, p. 28.

③ Ingvar, 1984, 1985; Ingvar 和 Sandberg, 1985。

④ Elton, [1967] 1989, p. 11.

也不会好多少。

参考前面那些作者的观点，结合我与一些教授和商人的讨论①，对历史分析法持赞成的观点可以总结如下：

* 历史是一种诊断仪器，它有助于我们把某个问题置于特定的背景和条件下来思考。它可以提供某种线索，帮助我们从乱成一团的数据中理出头绪；它为我们提供一种模式。尽管没有哪两种情形是完全一致的，但是某种模式可能会经常再现。

* 如果对实际现状和历史背景的看法能够达成一致的话，决策、实施和变革过程中的沟通就会便利得多。

* 历史有助于我们进行类比和从中选出直接相关的类比。它还能为对公司的过去、现在和竞争者的位置进行三角测量提供一个固定坐标。

* 历史有利于大家把事实和事件置于共同的记忆中，它代表着能藉以创造公司精神和自豪的那些遗产、根基和传统。共同的价值观是 McKinsey 的 7S 管理中 7 个重要 S 之一②，包括公司的遗产和象征以及有关创始人的轶闻趣事等，也是成功企业的共同特征之一。历史为我们提供了一个视角，有助于我们明白哪些地方适合我们，还能为生活赋予更多的意义。

* 历史有助于避免徒劳无功。

* 一位佛教宗师曾对我说："历史之所以有趣，是因为它能告诉我们万事万物都会自生自灭。"一位愤世嫉俗的西方人曾说：我们从历史中所学到的是我们从历史中从来都学不到的东西。还有一种更为肯定的说法是：我们能够从历史中学到的都是我们不能从历史中学到的东西。也就是说，没有可以简单照搬的公式，历史无法提供解决方案，只能提供思想过程，我们对模糊不清和复杂性只有承认和接受。

* 历史有助于我们主动采取变革，这其实也是战略思维的出发点：预知变革，在变革来临之前主动采取行动，努力从新的环境中获益。

历史分析法的这些优势听起来确实很合理，但也有可能对研究者带来不利。当案例讨论被用作教学工具的时候，它描述的是历史事件。学生通过案例研究可以将历史事件与现在状况进行类比。但是，这种类比是否合适？事情是否发生了改变？尽管案例研究在众多商学院的课程设置中占有十分重要的地位，但是所受到的批评也不少。营销咨询师 Regis McKenna 认为对许多

① Smith 和 Sterman，1981，171；Kantrow，1986。
② Peters 和 Waterman，1982，p. 10。

新兴市场就难以进行类比："个人计算机的规则不可能和立体音响或者其他消费者电器的规则相同，甚至和大型计算机的也不太一样。针对新兴行业来说，教科书每天都必须重写。"① Iacocca 说，年轻的 MBA 们根本上就不了解经营世界的时间压力和复杂性，总是"认为所有的商业问题似乎都可简化成一种案例"② Iacocca 当时的雇主 Henry Ford 公司对历史就持否定的立场：

> Henry 过去常说，他从不保留档案。无论何时他都要把所有文件烧掉。"那些东西只会害你"，他对我说。"任何保留个人档案的家伙都是在自找麻烦。一旦居心叵测的坏人读到它们，你和你的公司将会为此付出沉重代价。"在水门事件之后，他更是如此。"明白了吧？"他说："我没错吧——看看在你们身上发生了什么？"……他一直谨记着他祖父的座右铭："历史都是废话。"③

有人把经营人员比作轿车司机，他们依靠从后视镜中获得的信息来决定怎样开车。当计算机出现以后，计算机开始取代司机帮助（经营人员）进行推测。预算和战略规划的制定通常采用历史分析方法，以过去的结果为依据进行推测，而不考虑间断性、突飞猛进以及未来多样性等方面。传统的统计和数理预测方法总是设法寻找模型并照搬未来。为了抵制历史分析法，有人提出了技术预测法和未来学，而且还包括多种定性技术，从而对过去形成挑战并对未来提出了自己的假设。脚本描写法（scenario writing）是对未来的可能性进行推测并采取相应行动的系统方法。平衡记分卡（balanced scorecard）提供了一种新的会计方法，这种方法强调未来而不是历史传统。其中，它新增了有别于其他金融资本的知识资本，如顾客群以及潜在的顾客群。

包括范式、历史知识、概念、假设和理论等形式在内的预知非常重要，但是它们也可能引起偏见并对个人的敏感性形成屏蔽。如果某种历史模式能够再现，其作用当然会很大，但是这种重复很有可能只是研究者/咨询师的一厢情愿，正如"锤子与钉子综合症"以及强求一致的科学一样。对于经

---

① McKenna, 1985, p, 111.

② Iacocca, 1984.

③ Iacocca, 1984, p. 105.

营人员来说，间断性确实是一个问题，也就是能明白新情况何时出现的能力以及不会沉溺于过去的能力。一个市场长期的趋势可能相同，但是在短期内所出现的周期性差异还是非常明显的，因此需要采取新的行动。

一位经理说①：我们经常不知道自己身在何处，也很难知道我们过去曾在何方。在实际经营活动中，我们无法确定未来预测所需的必要平台。IBM的前任营销总裁"Buck"Rodgers曾经说过②：

> 据我观察，革新派的经理不再愿意与历史信息打交道，不会把过去看作一种价值传承。他们现在把重点放在我所称的"出现型管理"方面，即把重点放在对潜在问题的识别以及在它们出现之前如何采取行动上。③

Smith和Steadman认为历史分析法是创造赖以立足的工具。历史分析法的好处主要有④：

- 研究公司基本战略和结构的发展。
- 公司成功与失败的案例研究，找出过去行动中成功与失败所在及其决定因素。
- 对过去政策、战略和决策进行研究，有利于识别出与当前情景相关的共同点。
- 研究当前某个具体问题演变的原因。
- 研究公司文化中哪些因素是持久的，哪些是转瞬即逝的。

历史分析法要求所研究的公司的档案比较齐全。随着数据在当今多媒体社会中的不断流动，传统的记录保持有些不太现实。

案例研究的对象可以是某个职能、关系或者事件。研究内容可能包括历史、现在或者未来的状况，或者三者兼而有之。公司历史研究并不是我个人关心的主要问题。很多人都认为历史分析法非常重要，认为我的这种非历史性的态度是一种不幸。因此，我希望能对历史分析法的价值多一些了解，而

① Wallander，1994.
② Buck是IBM前任营销总裁的人名，但该词本身还有"金钱"的意思——译者注。
③ Rodgers，1986，p. 122.
④ Smith和Steadman，1981，p. 171.

且我自己也确实受到了这些研究的影响。

我对公司历史的兴趣本来就不大，而且我认为了解公司历史对于那些试图改变公司战略的人来说帮助不大。公司历史可以用来解释事情为什么是过去那种样子，而且它们为什么应该是那个样子。但是要解释清楚过去十年或者数十年都做了一些什么就并不容易了："我是否作出了错误的决策，行动上是否错了？"历史代表了一种力求安稳的保守想法，因循守旧的实践中一旦出现某种变化就会令人焦虑不安。历史因此成为了一种例行的防守性程序，这种例行程序排斥任何调整。

因此，我会尽量回避历史，努力发现未来。我对历史的这种态度主要归因于自己的背景是一名营销学者而不是组织理论学家。从市场营销的角度来看，公司的外部环境比内部环境更重要。实际决策是根据外面的世界作出的，如消费者、中间商、竞争者、政治家、立法者以及贸易组织。外部环境本身并没有十分丰富的知识，对公司本身及其发展也没有多么浓厚的兴趣。我研究公司战略和组织的出发点是："公司外部环境中将会发生什么？可以采取什么样的措施来适应这些变化？如何去影响市场？"

但是，我对研究公司文化非常感兴趣，而且认为它与市场的要求密切相关。近几年来，管理学中对企业文化研究的兴趣日趋浓厚。[1]

咨询师发现公司文化可以成为他们推销咨询服务的一种新办法，因此他们被称为"公司文化的贪婪盘剥者"。[2] 他们提供的新服务是文化工程，即所谓改变公司文化的能力。文化的创建可能需要很长一段时间，数十年甚至上百年。瑞典最老的一家公司目前还在经营，1998年刚刚举办过710年周年的庆典活动。这种历史悠久的文化你能改变得了吗？还有，你改变的又是一些什么东西呢？

让我们回过头来看看公司文化的定义。公司文化是指那些能将一个群体维系在一起的共同哲学、思想意识、价值观、假设、态度、规范、象征等。[3]

在实际经营生活中，如果公司战略发生大的转变，首先需要调整的往往是主要管理者的职位。公司需要引进的是对公司历史缺乏了解、对过去所做的事情及其原因一无所知，而且认为没有必要对过去的决策和措施进行辩解的新人。

---

① 参见 Deal 和 Kennedy，1983；Hofstede，1980。
② Uttal，1983，pp.66-72。
③ Kihlmann 等人，1985，p.5。

　　没有哪家公司的文化能够做到完全统一。公司可能存在某种基本文化，但是不同群体、职业、职能和国籍的文化会有一些差异。由不同公司合并组建起来的新公司还有可能存在一些次文化。在一次咨询中，我在一位公共关系负责人的办公桌上看到6面旗帜，于是我便询问这些旗帜的涵义分别是什么，他说："这是在我任职期间这家子公司的母公司的标志。"在这位公关负责人看来，这家子公司似乎从来就没有与谁合并过。当电力行业的巨人Asea和Brown Bovery与ABB合并以后，Combustion Engineering等公司又加入进来，它就变成了一家拥有1 300多家子公司的大型集团公司，在这样的超级航母中你怎么培植共同的文化？

　　在开展流程变革时，我经常与该公司员工进行访谈。有时候不需要我提示，他们也会对我讲述公司历史中的某些片段，比如人事变动、所有人更替、首席执行官或者产品等诸多方面。如果与公司员工建立起某种私交的话，他们会告诉你更多有关某某领导人物离开或者提升的隐私。我认为这些内容并没有多大的作用，因为我们对公司进行改革的目的只是为了促使其战略与现在以及未来的市场和技术相适应。从一位营销经理的角度来看，我认为我们的兴趣应该放在明天要做的事情上面，促使事情朝好的方向发展，而不是放在我们昨天做了什么和为什么事情变糟糕了。依我看，如何进行变革的方法有两大类，如图4.3所示。

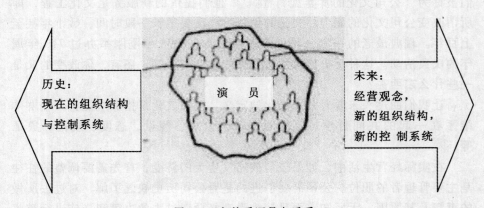

图4.3　向前看还是向后看

　　从图4.3中可以看到，两类演员（actors）把公司朝两个不同的方向拽。反对变革的人们总是强调公司的历史（"我们已经存在了上百年了，而且我们从来就没有做过出口"）、传统（"如果A当首席执行官的话，他是绝对不会允许这类事情发生的"）以及现有的权力结构（"我们不能把B从经理的位置上挪开，否则感情上不好接受"）。他们拒绝接受新思想、新方法等任何新东西，把它们看成是不切实际和类似过眼云烟一样的时髦东西，而不是把它们视为与未来趋势相关的信息之源。

另一方面，那些支持变革的人们总会强调业务发展、新技术以及未来生存的问题。一个人如果认为市场现状与公司历史之间缺乏联系，如果认为公司的运作必须反映市场的要求，如果认为市场要求总是处于不断变化之中的时候，人们的注意力就应该转向未来以及公司在新的环境中如何发挥作用。如何思考未来是我研究公司战略的一个重要内容。

图 4.4、图 4.5 和图 4.6 说明了对历史过程的三种研究方法。图 4.4 描述了我自己现有的研究方式，即着手当前过程的同时，也关注未来。

图 4.5 显示的是对历史也感兴趣的变革代理人的研究方式，他们的研究对象是变革过程，但这个过程既包括过去，也包括现在和未来。

图 4.6 说明了一种从变革过程的外部开展研究的方式，这种研究同样关注过去、现在和未来，但是其时间跨度更长。Johannisson 对玻璃行业的研究就采用了这种研究方式。①

图 4.4　从内部关注现在和未来

在 Johannisson 的研究中，他希望自己能成为这家玻璃公司重组和观察的代理人，而不是变革代理人。图 4.6 也可用于解释其他的研究角色，例如分析者站在变革流程的外围，但是其工作任务却是提出具体措施。

通过对前面一些作者的观点的学习和思考，我个人对于历史分析法在案例研究中的作用有了一些新认识。几乎可以肯定的是，一家公司过去所发生的事件已经沉淀（sediments）② 到了历史当中，也就分散到了不同层次的行为中。它们虽然不再能够满足任何有用的目的，但是仍然属于公司文化的组

① Johannisson，1980.

② 关于"沉淀物"的讨论见 Danielsson's，1977，pp. 10-12。

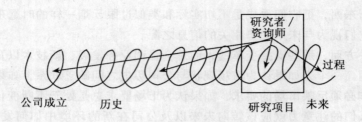

图 4.5　从内部关注过去、现在和未来

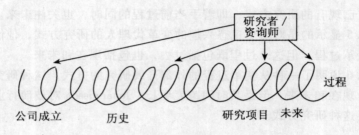

图 4.6　从外部关注过去、现在和未来

成部分。历史研究有助于揭示沉淀的过程。在对这个问题得出明确的结论之前，就必须对历史知识在某个具体环境中的作用进行评价。在有些情况下，如果无法自觉地采取某种系统的历史分析方法的话，（这种研究）就具有相当大的欺骗性。这也是我为什么在前面强调预知的原因所在。但是，这不仅仅是只有几年的"近期历史"问题。

对此，我提出以下问题：

* 如果研究者/咨询师将历史分析法用于变革过程的理解的话，他们得到的实际机会是什么？

我发现回答这个问题非常困难。我相信只有公司自身的员工才能解决这类问题，前提条件是他们对自己所面临的变革具有一定的洞察能力以及能够了解历史背景。这种方法属于组织发展方法的内容，也是我前面怀疑过的东西。对公司现有状况的实际改革要看公司能否有一位颇具影响的执行经理，这位经理是否懂得"公司病理学"（识别公司问题的能力）。

如果从更大的范围来考虑社会利益而不是仅从公司的自我利益出发的话，历史分析法的价值是无可争议的。由于变革代理人的运作范围有限，历史分析法的作用也受到很多困扰：

* 大量的努力在于搞清楚当前正在进行的和未来将要发生的事情上面，而这些任务完成起来非常困难。

* 一个人如何从实际的角度去了解并应付历史过程？如何评价这些分析的有效性？

* 我向来就不太相信公司的书面记录以及外来的文件所作的解释，比如杂志上的文章或者股票交易所的报告。第一章中提到的 Fermenta 案例就是媒体报道缺乏有效性的典型。这些报道的随意性相当大，有时能够提供丰富的资料，有时却是一种误导。另外，会议记录需要避免敏感性的评论，这是禁忌。在电子传播手段不断增加的时代，公司很难坚持为未来进行历史分析保持系统的记录。

* 在 20 世纪 90 年代，信息技术将互联网、WWW、电子邮件、移动电话、全球卫星传输都变成了商品。通过家庭购物、家庭银行、消费者自发组织的购买者俱乐部、价格信息的快速获取等，传统的实体市场（physical marketplace）变成了无形的市场空间（intangible marketspace）。这种新型市场无处不在，无时不在，从而使得很多市场范式发生了巨大转变。消费者和供应商在事先缺乏联系的情况下被同时扔到了毫不知情的情况之中。① 在情况发生如此急剧的变化时，历史怎么能够提供预测和帮助？

* 产业中出现的创新往往是由那些对某个产业缺乏知识的人所带来的；是那些"没有历史"并且没有义务"做这是我们这个产业该做的事情"的人带来的，而他们恰恰准备好了去满足和适应现在和未来顾客的需要。

* 在实际工作中运用历史分析法，需要具备一定的技巧。这些技巧能够使历史分析法变成具有可执行性的程序。

禁忌与匿名

　　有些现象是不能被选为研究课题的，或者不应写成文字。如果有谁身陷其中，势必尴尬无比，甚至还会触怒某些权贵。尽管这些内容可能对某个过程能起决定性的作用，但是设法避免此类现象已是大势所趋。这些现象就是禁忌（taboos）。

　　我想重点强调两类禁忌。第一类禁忌与研究过程相关。尽管过程研究的

---

① Gummesson, 1999.

传统模型是一个理想化的模型，但是在现实中应用的时候，这个过程则变得非常复杂和难以对付。正如 McGrath 所云："研究者就像投票人一样，经常不得不从恶人中选择邪恶得少一点的"，而且"没有任何研究能够做到完美无缺"。① 但这不是学生能够看到的真实画面。"那些希望学习如何做研究的学生们经常面临一道鸿沟，它横亘在他们从课本和老师那里学来的理性模型与如何开展实际研究之间。他们必须学习如何在研究过程中应付城市街头困境的能力"（street smarts）。② 学习的方式有些杂乱无章："他们从教师们脱口而出的谈话中辨别出一些重要原则；学习内容可能来自报刊杂志中蹩脚的脚注；来自流言蜚语、趣闻轶事、研究圈内泛滥的坊间传说；来自个人的经历。"③人类的问题，"科学社会学"在研究报告中从来就没有整明白过；读者看到的只是一些"理性的华丽辞藻"。禁忌涉及很多方面，比如评审委员会委员的偏见、研究基金、期刊审稿人；关于某所竞争十分激烈的大学研究者或者某位教授的对手；或者某个研究机构内权力的滥用等。

　　第二类禁忌与研究内容有关。在管理中，此类禁忌可能与某位领导人的愚蠢行为、贿赂（国际商务中臭名昭著的现象，但是营销教材中很少提到）、性、吸毒和酗酒或者工业间谍等内容相关。Hofstede 在研究经营文化时提到：

　　　　性是维多利亚时代的禁忌。至少在组织文献中，直到 20 世纪 60 年代以前，权力都是一大禁忌。自从那个时代以后，两类禁忌或多或少地被解除了。文化成为了现有组织文献中一大禁忌。三种情况当中，禁忌与我们都有些关联，但是我们却不能提及。④

把文化当作一种禁忌的观点与 Hall 基于人类学的研究结果相互吻合：

①　McGrath 等人，1982，p. 76 和 p. 101。
②　Matrin，1982，p. 19.
③　Kulka，1982，p. 44.
④　Hofstede，1980，p. 375.

多年来，当我试图将这些有关文化的基本发现与他人进行交流时才知道，一个人所遇到的抵触比早些年人们对心理分析的抵触不会少。尽管文化的概念……十分抽象……但是他们可以接触到十分隐私的东西，人们在必须理解其含义的时候却对这些东西置之不理。①

尽管 Hofstede 认为性不再是一个禁忌题材，但是 Burrell 对此表示反对。"性是组织分析中长期以来力图回避的问题。"他接着谈道：

诗歌、小说和自传的大部分内容中都散发着性行为以及明显迹象。在这方面，各类小说对组织生活中这类特征的描写要比组织理论方面的内容多。很少有人愿意或者能够否认组织内部中存在着性关系，但是没有人对它的存在进行描写，组织社会学当然就更不会对它进行解释了。②

现在论述"组织研究中的盲点"的书开始多了起来。③

1984 年，纽约警察对当地法律禁止的高级陪侍服务进行了突击检查。结果发现经营这项特殊服务的是一个美国家庭的女性成员 Sydney Biddle Barrows。这则消息自然被报道了很长一段时间。但是，报纸却找不到任何有关这项服务运营背后的真实故事，于是杜撰了一些细节，希望通过揭露客户中富豪的姓名制造轰动效应。事情本来到此就为止了，但是这位女士鼓起勇气写了一本书，道出了她的服务公司是如何管理的，把它变成了生财之道。这本《五月花女士》（Mayflower Madam）的另一名作者曾经帮助 Chrysler 总裁 Iacocca 撰写他的经历。④ 一般人惯用的写法是把这种特殊服务中离奇荒诞的细节抖露出来，但是这本书却重点描写此类小型服务的经营机制，结果使这本书成了一本畅销书，公众显然对它非常欢迎。男人和女人的品质以及同性恋对一般管理、组织结构以及产品或服务的设计的影响正在被慢慢接受。

---

① Hall,［1959］1973, p. 186.

② Burrell, 1984, 援引自 p. 97. 参见在 Holm-Lofgren 的讨论, 1980。

③ 参见 Heran 等人, 1989。

④ Biddle Barrows, 1986, p. 132.

性别研究正在成为大学里的一门新兴学科，而且新闻媒介和律师已经发现工作场合中急剧上升的性骚扰已经成为快速增长的新兴市场。①

管理研究和理论对有组织的犯罪（组织成立时就确立了犯罪的"经营使命"）和合法组织中的犯罪行为几乎还缺少关注②。类似黑手党那样的组织全世界到处都有。它们的市场份额似乎在不断地增长，而且对某些经济领域已经形成了控制。例如，前苏联的一些共和国、餐饮和零售等贸易行业的地方市场、毒品和皮肉交易。不断出现的洗钱、为逃税进行转账和计算机犯罪等新问题对一般管理、会计和营销都产生了直接影响，并对市场经济的功能造成破坏。核武器贸易失控、废物贸易以及转基因和克隆的失控等问题对全球社会正在形成威胁。管理研究者不愿意接触这些领域的原因除了他们对问题的感知不够以外，还可能是惰性使然。另外，如果研究这类组织的话，就需要采用一些非常规的研究方法，因此会涉及个人风险，而且还会有遭到这些组织报复的风险。

在对一位报纸发行商访谈时得知，一些公共事件中也存在着禁忌：

> 有一次我与报社的高级执行经理们探讨我的调查结果时，他们不停地摇头表示怀疑，并且说这种结果只是一种特例。要不是我提起他们几个小时之前在一个小组讨论中发表的观点时，他们还不会承认我的调查结果是对的。矢口否认我们身边所发生的事情可以说是司空见惯，尤其是当这些问题牵涉某个禁忌的时候。正如"禁止"公开讨论性器官一样，那些接受政府补贴的报社也是禁止参与这类活动的讨论的。它似乎只能讨论从其他行业接受捐赠的问题。③

我曾亲身经历了一件与一家公司的首席执行官有关的事情：

① 参见 Stockdale，1996，和 Alvesson 以及 Billing，1997。
② 见 Gummesson（1999）有关基于法律的关系和犯罪网络的讨论；另见 Falcone 和 Padovani，1991；Fiorentin 和 Peltzman，1995；以及 Eberwein 和 Tholen，1997。
③ Issal，1984，p. v.

他的脾气非常急躁，喜怒无常，很难预料他什么时候会表扬人，什么时候会呵斥人。除非万不得已，他的员工一般都不愿意将有些事情告诉他。他总是怀疑有人暗中在搞阴谋。实际上，如果要想得到他的同意，有一个靠得住的办法就是传播这类谣言。他在自己身边安插了一些对他服服帖帖的管理小组，小组中的成员要么是一些难以在其他地方谋职的庸人，要么是一些以告密为生的小人。那些能够有所成就的人马上会遭到镇压并被赶出公司，通常还伴有一场激烈的争吵。这位首席执行官还会继续诋毁他们，有时甚至还会阻拦其他单位聘用他们。这位执行官当然也会不遗余力地去巴结讨好那些财政大臣或者董事会成员。毫无疑问，这些偶尔来公司访问的人所得到的印象尽管十分粗糙但却是非常舒心的，而这位首席执行官也知道如何对公司严加控制。

在这段描写中，如果对涉及的公司和人指名道姓的话，人们会是什么态度呢？在案例研究中很少对涉及到的个人给出明确的评价，否则会给研究者带来不愉快，甚至还会有被诉诸法律的危险。在这种情况下，要是研究者拿不出明确的证据的话，麻烦可就大了。家庭关系、个人成见、违法行为对于变革过程都会产生决定性的影响。这些顾虑也是禁忌。

商业文献中可以找到不少与禁忌相关的例子。Iacocca ①直言不讳地写到他的老板是如何沉溺于酒色并在花销方面公私不分，Araskog② 曾谈到有些人为了获得控制权大量购买其他公司股票时所进行的"特大规模的行贿"（gargantuan bribe）。在 Ortmark 关于金融权力的书中分析了一个显赫家庭头目的长子自杀的内幕。③ 这些事件对于了解变革的过程十分重要，如果描述中遗漏了这些东西的话就是一种欺骗。尽管小说、新闻报道和绯闻栏目对此类事件的描写非常直截，但是在商业文献和研究报告中却并不多见。例如，在 1990 年前后，《时代》（Time）和《新闻周刊》（Newsweek）就报道并分析了商业大亨 Donald Trump 的婚姻危机及其对他的商业帝国的影响。

研究人员究竟是采取匿名还是公开的形式发表他们的案例分析结果，此类抉择十分困难。如果选择匿名形式，他们可以直截了当；如果选择公开的

① Iacocca，1984，pp. 114-15，154.
② Arraskog，1989，p. 14.
③ Ortmark，1985.

形式就必须将有关的姓名指出来，但仍然需要把一些会引起反感的东西剔出去。要想能够理解并解释某个变革过程，就必须了解这些禁忌。变革代理人可以从他们的工作角度去考虑这些禁忌，但研究人员却不能公开地提到它们。有很多企业管理模型并没有涉及个人品质和关系的评价，它们被"去人格化和客观化"（depersonalized 和 objectified）了。

咨询任务中也会遇到一些禁忌，但是咨询师对它们不予理睬。一个原因可能是咨询师对这些禁忌无能为力，另一个原因可能是拿不准把握或者对这些禁忌接触得还不多。上面提到的那个首席执行官就是一个例子。按说这个人早就应该被轰下台，但是有谁胆敢触及这个颇具争议的话题。

解决禁忌这类问题不可能撇开一般的社会态度。另外还应该对禁忌问题多些认识，而且尽量接近那些不能公开的信息。

行动研究和行动科学

行动研究是最重要却也是最难掌握的案例研究方法。不同的作者对行动研究的定义不同。Argyris 等人①提出行动科学概念出于两种考虑。第一，一项研究如果被冠以"行动科学"的标签以后或许无法符合科学研究的要求，但是它能够更好地满足咨询和新闻报道的需要。第二，行动研究者所运用的方法往往局限在那些从实证范式中演化出来的传统方法。

他们的这些观点与我的个人观察不谋而合。本书和 Argyris 等人的目的相同，也是为了提升研究和咨询的职业精神。因此，本书在参考或者引用他人的文献时需要使用"行动研究"这个概念时，我更喜欢使用行动科学这一概念。

那么行动科学究竟是什么？Hult & Lennung② 在研究 70 种出版物的基础上，找出了行动研究所必备的品质。Argyris 等人后来③探讨了行动研究的标准。Elden 和 Chisholm 提出了由 5 个要素组成的经典行动研究模型。④

我对行动科学的定义与经过 Kurt Lewin⑤ 验证的经典行动研究模型有所不同。我的定义中不仅包含 Lewin 的基本含义，即行动研究是对某一社会系

---

① Argyris 等人，1985，p. x。
② Hult 和 Lennung，1978a，1978b，pp. 178-80。
③ Argyris 等人，1985，pp. 36-79。
④ Elden 和 Chisholm，1993，pp. 126. 30。
⑤ Lewin，1946.

统进行学习并施加变革的方式，而且强调从管理和企业经营成功的角度出发。传统的行动研究是从社会的角度出发寻求对弱势群体的知识支持。要么从组织的角度，如工人针对管理者；要么是在社会中，少数民族针对多数民族。为了使我的观点更加明确，我提出将行动科学区分为两种范式：社会行动科学和管理行动科学。接下来，我将先对社会行动科学观念进行阐释，然后再对管理行动科学的观念进行重点讨论。

社会行动科学

社会行动科学观念采用社会和政治的观念。假如某家公司面临停业的威胁，雇员、工会和地方政府可能会想方设法让这家公司继续维持下去，但是银行和投资人则不会赞成。

社会主义作家常常喜欢对"技术专家型"方法（technocratic approach）和"进步型方法"（progressive approach）进行比较，认为前者强调的是企业的效率，而后者关注的是如何同弱势群体加强团结。法兰克福学派代表人物 Habermas① 把行动研究看成是一种为了公民的利益对社会进行变革的手段。Sandberg 提出了以下这种观点：

> 很多研究都可以被称为行动研究。长期以来，技术专家和经济学家在开展研究时需要与实践人员一起工作，但是这类研究需要与企业的高级经理和政府部门一起进行。我所考虑的行动科学是在寻求如何与靠近社会等级结构底层的弱势群体建立工作关系的途径②……因此，行动科学暗示了研究者会支持有利于满足员工的期望和需求的改革行动。③

行动科学的一个分支——参与性研究（participatory research）主张凡是与某项研究相关的人都应该参与到研究中来，并要对研究结果有所贡献。Tandon 认为，参与性研究可以定义为："参与性研究试图让人们在为他们每天备受困扰的问题寻找答案的时候就能把自己变成研究人员"，而且"它拒

---

① Habermas，［1968］1987.

② Sandberg，1982，p. 29.

③ 同上，p. 79。

绝把那些受过专业训练的专家看成是唯一能够追求合法知识的神话。"①

参与性研究范式认为，由精英控制的知识对他人形成了压制。这种观点似乎是一种真理，但是就在 16 世纪的时候，哲学家 Francis Bacon 也曾提出："知识就是力量。"意识形态口号虽然受到清洗，但是仍然强调务实。这与职业性的专家和无知的外行之间的西式精英关系形成了对比。类似于前面提到的医生——病人之间的关系一样，处于主动地位、知识渊博的医生通过为他们开出"经过科学验证的"处方而对处于被动地位、无知的病人进行治疗。

参与性研究通常面向第三世界受到压迫的人们。在发达国家，人们同样担心在未来的知识和信息社会中会出现新的社会弃儿，即那些没有受过多少教育而且没有机会接近计算机网络和数据库的人们。

行动科学随着学习过程的进展也能促进价值观和规范的转变，也有可能促进范式上的转变，正如双向学习对人的地位所带来的挑战一样。

管理行动科学

管理行动科学的研究对象是经营性的公司。我个人对管理行动科学的观念可以概括为如下 10 点：

1. 行动科学家采取行动。当研究人员为他们正在研究的过程或者事件同时担负起变革代理人的角色时，就会用到行动科学的概念。行动科学家难以具有大多数科学家的那种宁静与超然，他们需要深入地参与进去。行动科学家在研究经营性公司和政府机构时，既可能是学术研究人员，也可能是一名雇员或者外部咨询师。②

2. 行动科学家具有双重目的：为客户和科学作出贡献。要说科学中有什么角色冲突的话，行动科学家就是其中的一个。行动科学家必须能够在患有精神分裂症的性格上谋求一种平衡，还必须能够把 Jekyll 医生和 Hyde 先生都最好地表现出来。③ 也就是说，他们必须同时处理好客户的利益和科学

---

① Tandon，1988，p.7. 其他文章参见 Convergence 专辑中有关"参与性研究"的讨论（1988）。

② Coghlam 和 McDonagh，1997，pp.139-161。

③ Jekyll 医生和 Hyde 先生是 Robert Louis Stevenson 于 1886 年发表的 *The Strange Case of Dr. Jekyland Mr. Hyde* 小说中的人物。Jekyll 医生平时是一位受人尊敬的医生，但有时也会变成谋害生命的凶手，即 Hyde 先生，喻指性格分裂症患者，意思是指行动科学家在参与者和旁观者两种角色上容易出现性格分裂。

的利益。他们既要为经营学科的一般发展（the general）作出贡献，还必须为其理论发展作出贡献。要做到这一点，行动科学家就必须能够把他们的研究结果与前期的研究和文献并置起来，还要能够通过报告、文章和讲座的形式对他们的研究结果进行传播。但是，行动科学家所面临的压力远不只这么一点。他们除了要能够创造出知识以外，还要能够使他们的知识在行动中得到应用和具有效果。光对现有的理论进行应用是不够的，也就是说光有应用研究还是不够的。应用研究可以成为行动战略，但是对科学却没有作出应有的贡献。在行动科学范畴内，角色冲突和模糊性就好像是研究者的家常便饭。

3．行动科学是互动的科学，需要研究人员与客户的合作，需要根据新的信息和新的情况不断做出调整。研究者需要与他们研究的人和环境进行密切的互动。研究者和组织中的人员共同解决问题、相互学习和共同提高。按照 Argyris 的说法，"要成为一名行动科学家，就需要学会如何在行动中思考，就要能使应用中的理论简洁明了，就需要学会设计和创造出有助于启发思考和行动的新的应用理论"①，对于实践者来说，这都是一种自然而然的工作状态。Clark 认为这对于科学家来说是一种"并不踏实的伙伴"。② 例如，在界定一家公司的使命时，需要得到与顾客和竞争者相关的信息。对结论和建议的解释反作用于决策和行动。这是一个反复循环的过程。大多数研究者对这些调整会心烦意乱，因为它们会对自己最初的研究计划形成干扰。显然，实证研究范式并不适合于行动研究。如果研究人员执意要采用实证研究范式的话，他们就只会变成糟糕的咨询师，继而变成糟糕的行动科学家。

4．在行动科学研究中发展起来的熟知（understanding）旨在形成整体性认知性和鉴别复杂性。案例研究的目的是为了接近复杂的现实以及占冰山总体 90% 的水下部分的实际状况。大多数科学家只会找出 1 到 2 个因素，然后再对它们进行详细分析，行动科学家应该重视问题的整体性，还要能使所应用的东西尽量简化。这种研究的战略就是要使"不完整得到优化"（optimally incomplete）。③

5．行动科学适合于对经营性公司以及其他组织的变革的了解、计划和实施。变革的过程相当复杂，这个过程受到许多混沌的、相互联系的因素的影响；有言语或者非言语的提示；正式和非正式的也同样重要。研究人员充

---

① Argyris 等人，1985，p. 82。

② Clark，1972，62ff.

③ Argyris 等人，1985，p. 78。

当组织成员和舞台上的演员这两种角色使他们在接近变革过程时享有得天独厚的条件。

6. 在应用行动科学方法的具体研究中，必须了解该研究所涉及的伦理、价值观和规范问题。管理行动科学观念不同于社会行动科学观念，它并不把团结和帮助弱势群体这类社会问题放在首位。当然，两者之间也有共同点。例如，公司越来越意识到有必要充分发挥所有员工的能力和对他们进行激励。对员工的培训和教育开始被提上议事日程，人们开始谈到建立学习型组织的重要性。为了妥善处理与顾客的关系，就必须对一线员工进行授权。这一点在服务型的组织中尤为重要。要想实现质量的连续改进，全面质量管理（TQM）的实施就离不开全体员工的共同参与。但是，变革过程中大多数利益相关者的价值观不同，目标也不一样。例如，在美国的上市公司中，投资人的价值和股票价格受到了不应有的、缺乏远见的特殊关照，而顾客和员工的长期关系以及项目的长远发展却受到了损失。

7. 行动科学可以采用各种数据搜集方法，但是需要研究者的全面参与。要了解行动科学的本质，就必须对其他接近方法进行审视。定性的、非正式的、深度访谈法以及观察和参与之类的人种学方法也很重要，它们应该成为行动科学方法的组成部分。现有的大量数据以及定量调查方法和数理方法也是行之有效的。行动科学增加了研究者这个维度，把他们变成了能对变革过程施加影响的积极参与者，他们变成了变革代理人。

8. 需要创造性地应用公司环境和经营状况方面的预知。人们经常批评商学院毕业生及其教授们理论性太强、定量成分过多。干预过程中的研究人员担负着接生婆的角色，他们不是孕妇而是在生产过程中起帮助作用的人。他们在一些技术问题上可能缺乏某种专长，但是他们可以为如何推进变革的过程发挥他们的专长。在某些问题上，可能其他的人更富有专长，譬如生产系统或者大客户经理。不管承担什么样的角色，研究人员对公司环境和经营状况的预知是必要的。这类预知既可以通过个人经历中得到的一手熟知获得，也可以通过从报告和其他中间媒介中获得的二手熟知获得。预知是在需要的时候能够派上用场的一种资源，而不是为迎合某个调查的过滤器。

9. 管理行动科学方法最好是应用在实时环境中，但回顾性的行动科学方法也是一种可选方案。研究者/咨询师在项目的实施过程中，每天都必须小心谨慎和系统地开展行动科学研究。经历过急剧而重大变化的人们的脑海中存储了大量的信息。这些人在事件发生的时候可能并没有把自己看成研究人员，但是当他们事后回忆起自己所经历过的那些事情的时候，自己就会问这样一个问题：这具有管理学和经济学上的普遍意义吗？为了对实时行动科

学（real-time action science）进行补充，我提出了回顾性行动科学这一概念
（retrospective action science）。要想使这一概念名副其实，就必须开展系统的
研究，而且要与理论和其他研究相互联系，而不能只凭回忆录或者自我标榜
的东西。从这些过程中获得的经历必须通过其他方法加以验证，譬如文献研
究或者与其他角色的访谈。回顾性行动研究的最大优势在于接近和预知上的
独特性，科学界不能把它们给白白浪费了。但有一种危险也必须引起注意，
那就是屏蔽性预知和先入为主的观念会使来自某些数据的结论缺乏依据。瑞
典前任财政大臣的回忆录就是一个关于回顾性行动研究的成功范例。这位前
任大臣拥有经济学博士学位，撰写了一部直言不讳的回忆性著作。① 另外一
个例子是一位前任议会议员撰写的博士论文，论文与他在议会的工作流程有
关。② 还有两篇我曾参加过答辩的博士论文采用的也是回顾性行动科学方
法。一篇论文作者早先是一家出版社的合伙人，其论文探讨的是有关领导和
公司战略的知识含义。③ 另一位作者的论文则循着一家创新型公司的前任
CEO 和董事会主席的企业家活动轨迹来展开。④ 这几位作者在如何接近事件
方面都占有得天独厚的优越条件，这是其他大学学者不敢奢望的事情。

　　10. 管理行动科学范式要有自己的质量标准。行动科学方法包含一些实
证范式的要素，但是受解释范式的影响更大。对管理行动科学的评价不能照
搬多数商学院或者其他研究机构中占主导地位的评价标准。另外，对其评价
也不能套用科学范式中分化出来的标准。评价标准的选择必须同等对待客户
组织和咨询范式中得出的实际结果。不同范式及其质量评价标准将在下一章
中讨论。

行动科学方法能行吗？

　　行动科学方法对研究者的品质要求比任何其他一种方法的要求都要高
（请阅读第 5 章有关商业咨询师的个性的部分，见表 5.3 和表 5.4）。在实际
情况中，管理行动科学家要想在前面列出的 10 点要求中都获得高分是很难
的。但是，其他研究方法也面临着同样的问题，统计方法也不例外。
　　有一个最基本的问题是，行动科学在实践中究竟是否具有可行性？虽然

---

① Feldt, 1991.
② Garthon, 1983.
③ Sveiby, 1994.
④ Rylander, 1995.

现有的文献对这个问题没怎么注意，但它的确是一个比较大的问题。Schmid 指出："行动科学自认为把研究实践和实践者的行动结合起来了，而且两者之间不存在着谁主宰谁的问题。因此，行动科学家既要忠诚于知识，也要忠诚于实践者的目标。"行动科学家"追求的是如何把两种本质上不同的实践形式整合起来，这样不可避免地会产生矛盾、冲突和合作的问题。不同形式的实践之间的结合造成一种形式对另一种形式的支配，如对另一种在运作上设置限制。"①

为了解决这个问题，Sandberg② 试图采用常规研究方法（praxis research）来替代行动研究方法。通过这种研究方法，研究者的角色和咨询师的角色之间可以产生互动，两种角色同时也是相互分开的。他把思考与对话和行动区分开来。从思考的角度看，研究者与变革项目保持着一定的距离，从一个更为普遍的、长期的框架范围内进行分析，并提出观念、范畴、模型、假设和理论。从对话和行动的角度看，研究者在项目实施过程中要与公司及其人员进行对话、采取行动并进行干预。互动发生在研究者个人的思考和他们作为变革代理人的工作中。

对话和行动并非一定要在一个项目中同时发生，还有可能经历更长的时间，或者需要经过几个项目："对话和行动需要借助以前获得的科学知识以及从正在进行的研究过程中获得的经验。"③ 这反映出预知—熟知—预知是一条没有终点的解释螺旋链。就思考而言，行动科学家受到科学的游戏规则的限制；就对话和行动而言，客户的需要和要求是最重要的。Gustavsen④ 强调行动科学需要加强联系，他认为不应该孤立地评价某个单独课题，相反必须把它放在一个包含多个项目的更大的研究计划的背景中进行评价。

应用行动科学方法的项目应该与变革过程密切相关。我曾在第二章中指出，只要研究者/咨询师出现，如在某个访谈中或者宣读报告时，就会对变革的过程带来影响。这一点在多数情况下都是千真万确的，但是这种影响对于行动科学来说，就变得十分被动和渺小了。

为行动科学方法物色合适的应用对象并不是一件轻松的事情。一个研究人员很难说："我已经选好了题目，而且我想开展行动科学研究。"研究人员要开展行动科学研究，光有经费是不够的。一个组织还要有适合研究人员

---

① Schmid, 1982.
② Sandberg, 1982, pp. 11-12.
③ 同上，p. 84。
④ Gustavsen, 1982.

开展行动研究的问题。如果只是采用传统的数据搜集方法的话，传统的案例研究可能只凭研究人员的兴趣就可以完成。

一个人也可能采取完全相反的方式：即先有咨询任务，然后再找机会开展行动科学方法研究。例如，我曾经参与一项大型咨询任务，其目的就是为了提高一个集团公司的利润率和效率。母公司明确要求使用某个战略决策模型。在此之前我在其他场合也曾用过该模型，但我对文献中提出的建议的质量以及模型的描述是否符合实际要求没有多大把握。带着这些疑虑，我决定利用这次机会采用行动科学方法对该模型的使用过程进行研究。①

我在前面曾经提到，行动科学可以作为案例研究的一种方法以及将研究人员和咨询师的工作加以整合的工具。行动科学方法的最大优势在于它能够为研究人员提供更多、更好的接近机会。但是，最大的问题在于如何把研究人员和咨询师的角色结合起来。我也阐述了这样一个观点，即再好的行动科学研究项目也不可能让一个项目内的所有人满意，在它和参与性观察以及其他方法之间存在着一个不断移动的界限。这个问题将在下一节中进行讨论。

访谈法和观察法

为了更好地了解行动科学的本质，我们还应该仔细研究其他接近方法。定性的、非正式的深度访谈法以及人类学/人种学的观察法和参与法也是行动科学方法的重要部分。诸如问卷调查或者结构性的个人访谈等定量调查方法对行动科学方法也十分有用。行动科学方法中增加了研究人员这个维度，这些研究人员，如咨询师在自己研究的过程中进行干预并变成了变革代理人。行动科学家不同于大多数游离在过程之外的科学家，他们需要积极地参与进去。行动科学家既是学术研究者也是充当变革代理人的管理咨询师。

对研究方法的权威分类对我来说并不重要，但是这些分类法很有可能导致冲突。譬如，将研究方法分为现场研究（field research，通过问卷调查、访谈、观察和参与得到的数据）和案头研究（desk research，通过现有资料的研究）在我看来有些矫揉造作，而且对行动科学家来说也没有多大价值。即使是开展案头研究的人们也会发现自己身陷一片数据的汪洋之中：问题答案、非正式谈话、会议讨论、现有文件的审查、预算、计划、备忘录、报告、幻灯片、信函、传真、网络信息、报纸评论等。数据究竟是通过纸张、胶片还是计算机显示器，或者其他数据是通过口头或者身体语言进行沟通并

---

① Gummesson，1982.

不重要。重要的是如何能将这些数据转换成信息和结论。行动科学家同样会被大量的定量和定性数据所包围，这又是一条人为设置的分界线，给科学家带来了很多不必要的冲突。

所有数据搜集方法既有好处也有坏处。使用定性研究方法时可能面临的一个问题就是这些方法客观性太差，可能连中间主观性（intersubjective）都够不上，甚至就是个人的、主观性的？解释可能被科学研究和咨询任务所接受，但是恐怕很难符合主流科学家们的要求。他们可能无法理解研究者本身就是最重要的科学仪器。

通过非正式的方法获得信息的最大风险在于可能过于肤浅。正如一位专栏作家所云："研究者同公司员工闲谈，转身离开后（根据谈话）写出的故事比定期出现在报纸上的那些东西还要滥。"① 一篇文章援引某位公司老板的话对研究报告作了如下评论：

> 作者自称在公司非常深入地工作了 5 个月……但是，这和我们了解到的实际情况并不相符。这些作者与金属工人工会的一般干事碰到过两次，与白领工会的代表碰到过两次。他们和高级管理也只见过两面。②

在非正式访谈中，问题的先后顺序并没有事先确定。具体问什么问题也是由调查者根据当时的具体情况作出判断。调查者有时提出的问题仅仅是因为他们当时觉得合适。在其他情况下，问题的选择是由某个概念模型或者核查单决定的。调查者可能要采取预调查测试受访者的反应。这种调查法类似于投射法。在接受调查时，受访者自主地作出快速反应，并且提出某种便利的改进方案或建议。另外，需要马上付诸行动并作出决策，以便引发下一步的反应。通过提一些简短的问题或意见，调查者聚精会神地倾听并努力捕捉他人的反应，还要特别留意信息提供者自认为更加重要的东西。调查者在一系列的访谈中可以自主决定访谈的形式是否需要改变、是否需要增加或者缩小询问的范围，可以要求租用或者复印相关的材料。还要注意观察受访者的身体语言，譬如姿态、手势、面部表情以及衣着打扮。对这些身体语言的评

---

① Bergstrom，1984.
② Bendrik，1978.

价与文字语言的评价同等重要。

调查者可以就某个具体内容是否正确提出专家性的意见。下面这个例子可以说明这一点。在一次访谈中，我发现有家公司为了改善自身形象，准备委托一家广告公司发动一场广告攻势。这场广告战预计的媒体成本是 30 万美元。我个人认为，这场广告战役毫无意义。该公司连基本的使命、目标和战略都没有，怎么会有可供传播的形象呢？对这个项目进行简要的考察后，我决定与其首席执行官联系，并建议中止这次广告行动。事实表明，取消与广告公司的合同也没有问题。这位首席执行官对此感到非常满意，因为他也想节约成本。

这个例子说明，信息的搜集、分析、结论、建议以及实施几乎是可以同步进行的。这与科学研究中推崇的分阶段的方法（尽管部分阶段需要反复进行）形成了对比。有一点需要特别注意的是，如果咨询师和研究者对于公司的情况缺乏熟知的话，他们提出的对策就有可能是天真的，或者是千篇一律的标准版本。

访谈记录可以采取两种形式。第一种形式是对访谈内容不做任何编辑或评论，以原始的形式予以保存。调查者可以快速地记录或者使用速记法。也可以将谈话内容录下来，但是这样保存的就只有访谈或者小组讨论的语言部分，而其他一些符号语言，如身体语言就无法记录下来。如果调查者有时能获准使用录像机的话，这类问题就可以部分得到解决了。

第二种形式就是调查者将所有明显的数据都记录下来，如顾客来电的频率、商品销量、发生的某种特定事件等，事后再查阅相关的资料对它们进行补充。调查者可以记录下自己的初步结论和想法，但不能对访谈作出某种综合评价。因此，一个持续两小时的访谈记录内容或许只有寥寥几行，也或许长达数页。

由于第一种形式能够完整地记录的材料比较完整，这样便于对研究结论进行评估。但是，这些材料对于回答下列问题还是存在着缺陷：

- 访谈者与公司的信息提供人之间的非言语沟通
- 研究者选择的谈话对象是否合适
- 研究者是否获得了所有相关的档案材料
- 访谈过程中的非正式接近

通过第一种记录方法，如有必要，研究者就可以反复调用访谈记录中的言语部分。在第二种记录方法中，研究者根据自己对访谈观察得出一些结论，如果要重新审查这些材料的话，就不得不重新进行访谈。这就要求另外安排访谈时间和地点。在两次访谈间隔期内可能会发生很多事情，因此再次访谈的结果不可能与上次的完全相同。

　　由于第一种记录方式难以和咨询师积极推动变革的角色相结合，因此变革代理人更倾向于使用第二种记录方式。因此，对于外行来说，就有可能跟不上分阶段访谈的节奏。我认为第一种方式不利于人们考察变革的过程。成堆的书面材料或许能带来魔术效应，若受到语言表达的限制，它们可能就没有什么理性意义。无论在哪一种情况下，研究者/咨询师都必须保持诚实，更不能蓄意地欺骗读者。如果对这一点缺乏认识的话，就有可能在研究的过程中出现判断错误、省略或者误解等问题。

　　在研究中采用定量的数据搜集方法主要依靠言语表述，如问卷调查和结构性访谈。按照 Hall 的说法，非言语性的语言同样重要：

　　　　大多数美国人对这类"无声的语言"了解得很少，尽管他们每天都要大量用到它。他们没有意识到这种行为范式的微妙之处，它们可以暗示时间控制、空间关系、工作态度、娱乐和学习。除了言语性语言外，我们不断地在用行为语言进行情感交流。①

　　Hall 夫妇在一篇标题新颖的文章《沉默的声音》（*The Sounds of Silence*）中写道：非语言的沟通"是唯一能够贯穿整个人类历史的语言……你每天都会有意或者无意地用这种非显性语言将你对他人或者对自己的感受告诉别人，这种语言包括你的姿态、手势、面部表情、服装、走路的姿势，甚至你处理时间、地点和物品的方式"。② 殊途同归的是，Nash 将赛跑者的衣柜解读为"无声的服饰语言"③，即透过衣柜式样就可以了解他们的服饰风格。

　　原始部落对非言语沟通的作用非常清楚。婴儿要存活下去就不得不采用非言语性的沟通方式。商业界中的活跃人士善于使用非言语性沟通语言。反倒是研究人员或者咨询师对这方面的知识显得很贫乏，可能是被自己清高和超然的方法论和过高的估量给麻痹了。运动明星推介人 Mark McCormark 在《阅读人们》（*Reading People*）一章中主张使用进攻性观察法（aggressive observation）：

---

①　Hall，[1959] 1973，p. xiii.

②　Hall 和 Hall，1977，p. 132。

③　Nash，1977，p. 172.

> 即使是在电话中我也可以说出任何我想说的东西。但是，我还是愿意千里迢迢地飞过去面对面地去会见某个人……我想根据我自己观察到的而不是所听到的去建立起印象。总之，你与某个人亲自见面的时候获得的印象与你从电话中讲话时形成的印象有时会有很大的差别。[1]

相类似的观察类型是隐性方法（unobtrusive methods）[2]。这是一种非常规的方法和措施，使用时必须小心谨慎，目的是为了不打扰研究对象。这种方法也被称为无反应方法（nonreactive）。换句话说，在研究者和研究对象之间根本上就没有互动，而且也没有干扰。鉴于本书强调研究者/咨询师应该深入到变革过程中去，初看起来隐性观察方法显得好像有些不合时宜。实际上，这种方法是接近数据的有效办法，它是对互动方法的一种补充，正如对手势和服饰的观察是言语性论述的补充一样。所搜集的数据可以用物理的、档案的和观察的形式进行分类。[3]

Sherlock Holmes 经常通过告诉游客一些他们自己或者别的物体的事情来加深他们的印象，他的这种方法是关于隐性观察方法的绝好例子。在"兰色的石榴石"（The Blue Carbuncle）案例中，Holmes 从一个客人那里收到了一顶帽子。他把帽子出示给 Watson 博士，Watson 却说 Holmes 的帽子中没有什么值得了解的东西：

> 恰恰相反，Watson，你可以看到一切。你没有对自己看到的东西仔细琢磨……你对证据的推断不够大胆……这个人……在过去三年内非常富有，尽管他现在中了邪。他有先见之明，但是现在比以前差多了，可能是因为道德退化，还有可能是喝酒了……

Holmes 看到 Waterson 十分惊讶的表情，继续说道：

---

① McCormack，1984，p. 23.

② Webb 等人，1966；Webb 和 Weick，1983。

③ Webb 等人，1966. p. 3。

> 这项帽子已经有三年了。那个时候就流行这种帽檐卷边的样式。这是一项质量最好的帽子……如果一个人三年前能够买得起这顶价格不菲的帽子，从那以后再也没有帽子了，那么这个人肯定已是潦倒不堪了……这就是他的先见之明，他说……他们从未觉得卖帽子是一笔好生意。这个人订购了一项，这就是一种预见性的标志，随后他为了避风走了出去……但是，我们看到帽子的橡皮筋松了，他也没有想到去换一根，显然他的预见能力比以前差多了，这就是一种自然衰退的证明。①

Webb 等人认为隐性观察法是对社会研究中过分依赖问卷调查和访谈法的一种抵制：

> 我为对某一种不可靠的方法的过分依赖感到悲哀。访谈法和问卷调查法就像外来的东西一样侵入到社会环境中来。人们用它们去描述，去编造，去测量态度；用它们去套出别人的非同寻常的作用和答复；它们只能用在那些可接近的和愿意合作的人身上；得到的结果也只是部分考虑到了那些与课题无关紧要的个人之间的差异。②

观察法是人类学/人种学研究中进行数据搜集的一种重要方法。③ 从广义上看，人类学研究的对象是系列的文化现象，如风俗习惯、信念、行为以及人类的社会组织。尽管人类学家将他们的研究范围限定在巴布亚新几内亚之类的原始部落或者贫民区的辍学生方面，但是咨询师的工作实际上和人类学家的差不多。现在有一些"公司人类学家"走进经营性的企业中，譬如美国的咨询师。

人种学是人类学的一个分支，它是管理研究者和咨询师最感兴趣的一个领域。人种学的方法涉及到对社会范式的描述。人种学家要想了解他人的文化，就必须具有悲天悯人、心胸开阔和高度敏感的性格。参与者观察是目前

---

① Doyle, ［1891］1985a, pp. 282-84.

② Webb 等人 1966, p. 1。

③ Taylor 和 Bogdan, 1984；Bjorklund 和 Hannerz, 1983。

盛行的一种接近方式，它是一种实证的和归纳性的数据搜集方法。在参与过程中，通过观察和深度访谈的方式进行系统观察，资料的保存可以采取备忘录的形式，也可以采取图片、胶片和录音等形式。

有时候也只是通过观察以及搜集工艺品等方式进行，所搜集的工艺品在某个文化中发挥着重要的作用。公司权力的典型象征是房间的大小、房间位置、地毯的尺寸和厚度、能否持有进入经理餐厅以及某些特殊休息室的钥匙等。

问卷调查和档案材料的研究等传统方法也会用到。人类学研究的一个特点就是对某个文化现象的研究需要持续较长的一段时间，这和管理研究中的访谈一般只需要一个或者两个小时有很大的不同。

Van Maanen 将人类学研究的特点概括为：

> 人类学调查的结果是文化描述。但是，这类描述需要进行长时间的密切研究，需要在一定的社会场境中住上一段时间。它要求掌握该环境中所讲的语言，亲自参与到那里发生的一些活动中去，而且最关键的是，要与该场境中选出的一些信息提供者一起深入工作。①

研究者/咨询师作为变革代理人必须与所在公司的主要决策者和其他层面的员工代表建立密切的关系。他们要能以陌生人的身份进到一个新环境和新文化中去，但是他们更应该像一位"专业的陌生人"。②

要想被一个组织接受并熟知其中所发生的事情需要一段时间。时间的长短取决于研究者/咨询师的预知、职业精神以及他们从那些有权决定他们能否出入该组织的守门人那里得到的帮助的多少。Barnes 认为："一名社会科学家可能会发现接近研究对象和获得研究所需的经费一样难。"③ 他对接近遭到拒绝的原因作了如下解释：

---

① Van Maanen, 1982, pp. 103-04.

② Agar's (1980) 所著关于人类学的书名《专业的陌生人》。

③ Barnes, 1977, p. 8.

　　　　遭到拒绝的基本原因在于，这些人类学家不属于这个部落的（早期）发起成员，因此他就没有接近秘密的资格；或者因为，即使是他获得了必要的资格，他有可能通过公开发表的形式把这些秘密泄露给那些不具备资格的人们。①

　　如果接近遭到拒绝，或者研究者/咨询师的出现可能会造成妨碍的话，有时就需要采用秘密询问（covert inquiry）的方法（但是会引发伦理上的问题）。"如果科学家希望搜寻的信息是别人觉得应该对外保密的内容时，当这些外人能够得到信息享有者的认同的时候，他们还是可以透漏一点的，这时候就需要用到秘密询问的方法了。工商业中有几个关于规则遭到破坏的研究采取的就是这种方式。"②

　　参与者观察是一种直接的观察，不需要通过任何中介，但是参与的程度有所不同。我们以建筑行业中有关领导学和发展过程的研究例子来说明这种研究方法。③　在研究人员看来，直接观察是研究变革过程的首选方法：

　　　　对变革过程中领导作用的研究包括行动、反应和互动方面的内容，比如不同角色之间的相互关系在长时间内是如何变化的。因此，直接观察可以被看作一种非常合适的调查方法。访谈法和问卷调查法也可用来获取一些补充数据，如有关行动动机、对他人的动机的感知以及在变革的过程中所获得的经验等方面的数据。对某个公司在某个特定时段内的整个发展过程进行了解是不可能的，更不用说在资源有限的情况下了。实际上，我们的观察仅限于从某个极其复杂的过程中选取某个片段的某个具体方面。④

　　该研究中所用的观察法前后持续了两年左右的时间，其应用的情况如下：

---

①　Barnes，1997，p.5。
②　同上，p.11。
③　Edstrom 等人，1984。
④　Edstrom 等人，1984，p.14。

> 我们参加会议、学术会议、研讨会和课程培训，跟进发展项目，参观建筑工地并参加一些特殊活动。我们花了一个星期的时间去观察高级管理者。为了搜集有关公司的创新氛围方面的信息，我们向所有机关工作人员以及工地上的高级工头分发问卷调查表。我们还核查了有关该公司及其建筑施工方面的不同资料。①

此项研究的参与者共有 4 人，其中 3 个人是外部研究人员，另外 1 个人是负责本公司发展项目的员工。事实上，研究小组的 2 到 3 个成员成天都在开会，其理由是这样可以增加数据的搜集范围及其可信度。这种做法在某些情况下可能很有用，但我认为这种方式缺乏普遍意义。从资源的角度来看，费用太高，另外过分依赖研究者/咨询师的个人能力以及相互之间的合作程度。在情况最糟糕的时候，研究小组的出现可能对过程形成干扰：

> 我们清楚，观察的重点应该是人事体制，研究很容易受到影响……但是，如果能在研究者/咨询师与可能受到影响的人们之间建立起信任的话，这种影响可能会逐步减少。对于纵向研究而言，在研究中建立起一种相互信任的合作关系非常有用。但是，前提条件是，研究人员必须能够让所有相关人员都明白这符合大家的利益。②

该研究项目朝行动科学方法方向前进了一小步：

> 在不同的场合，我们将观察结果通报给管理层、员工工会代表以及全体员工。还有一次，我们只是单独向管理部门作了通报。我们尽量不把自己的个人判断掺到我们的结论中去。与公司的直接联系主要依靠该公司负责发展项目的一位员工，他也是我们研究小组中的一名成员。这个调查因此也包含了某些行动科学的方法。在其他方面，研究者扮演的是中立的观察者角色。③

---

①　Edstrom 等人，1984，pp. 15-16。
②　Edstrom 等人，1984，p. 16。
③　Edstrom 等人，1984，p. 16。

我不清楚一个人怎样才能做到在社会环境中成为"中立的观察者"（neutral observer），对于专业的人类学家来说恐怕也是一个问题。人类学家希望成为"墙上的一只苍蝇"，因此就不会引人注目，但是还有四处飞动的自由。观察者如何保持中立的问题，在自然科学的王国里也非常受重视，但是问题依然会出现。由此，我想到 Heisenberg 的不确定性原理，意思是说当电子在受到观察时也会自行发生改变。①

直接观察需要耗费大量的时间，而且研究者/咨询师获得所需要的资源往往也颇费周折。还有一点困难就是，你难以置身在某个事件发生的场合，原因在于你并不知道这种事情什么时候会在什么地方发生。即使是你能够预料到某个事情可能会发生，但是这种情形毕竟很罕见，而且你的出现可能对这个事情带来干扰。你需要有狗仔队摄影师那样的耐心，一连数月蹲在某位女明星的家门口，心里总是希望她会宽衣解带，而且还不会把窗帘拉上。

关键事件技术（critical incidence technique，CIT）是一种近距离的、不太艰苦的直接观察方法。Bitner, Nyquist 和 Booms 曾在调查"服务遭遇"时用过这种方法。② 所谓服务遭遇就是在与顾客互动的过程中将服务交付给顾客的场合。他们从旅馆、餐饮和航空三类服务业中选取 131 名员工进行访谈，收集了 355 个具有使用价值的事件。访谈时，他们要求受访者做如下几件事情：

> ● 想一想他们或者他们的同事与顾客互动时感到困难或者不舒服的例子
> ● 描述事件发生时的情形
> ● 提供细节以便访问者能够再现每一个事件

三位作者把 CIT 的优势概括为："用 CIT 方法得到的数据具有详细和丰富的特点，有助于研究人员接近研究对象的实际过程；它几乎是一种直接观察。"③ 这是一种不需要假设的归纳方法，而且受访者所描述出来的事件可以成为某种模式，有利于研究人员从中归纳出观念和理论。通过这种方法得到的事件和微型案例的数量要比用直接观察法搜集到的多，而且能为研究

---

① Patton，1980，p. 189.
② Bitner 等人，1985，p. 50；另见 Nyquist，Bitner，和 Booms，1985。
③ 同上，p. 51。

者/咨询师的"理论敏感性提供足够的空间。"但是，他们从这种方法中得到的有关某个事件的感受就没有从直接观察中所得到的感受那样深切了。它仍然属于一种通过中介和二手熟知获得的接近。另外，要对这些事件进行简要的描述和解释并不是一件容易的事情，比如公司是如何扭亏为盈之类的问题。

咨询手册推荐的接近方法有哪些呢？Kubr 提到了三种途径：记录、事件及其状况、回忆录（人脑中存储的所有信息）。① 这三种方式都可以从问卷调查、访谈、观察以及档案记录等传统方法中获得。和 Block② 一样，Greiner 和 Metzger 重视传统方法的应用，将问卷调查推崇为"咨询师以最有效的方式获得最多的信息的一种最强有力的工具。"③ 但是，Schein 认为问卷调查在过程研究中应用的效果就要差得多，认为将问卷调查和直接观察相互结合就可以得到最佳方法。④ 这些作者还提出了一些如何对社会互动、社会氛围等问题进行解释的策略性原则，这类原则也曾出现在一些有关科学方法的教科书中。在我看来，研究者/咨询师要想能够应用这些原则的话，还必须具有丰富的经验和良好的预知。我对此表示赞同，那些通过熟人获取知识的研究者/咨询师可以获得最好的预知，这将有助于他们在项目中有更好的接近。

本节对接近数据的方法进行了讨论和比较。但是，这些数据有何价值？这些数据在什么情况下才是可靠和真实的？什么时候才会成为事实？这些内容将在下一节中讨论。

关于事实和小说

研究者和咨询师面临的一个共同难题是决定要用什么样的数据。管理中有"事实"吗？一本关于管理咨询的畅销书给出了如下建议：

---

① Kubr（ed.），1983，p. 223.
② Block，1981.
③ Greiner 和 Metzger，1983，p. 223。
④ Schein，1969，pp. 97. 101.

> 　　一切合理的咨询工作都是建立在事实的基础之上的。咨询师要想发挥作用就需要大量的事实，以便对现状有一个清晰的了解，对于问题的界定也很精确，提出的对策要与实际相结合。对于那些需要创造出新东西和需要大量想像和创造性思维的咨询任务来说，事实也很重要。获得事实非常困难，而且在很多情况下，寻找事实是咨询工作中最劳累的一个阶段，但是除此以外别无选择。①

　　我对上面这段话的第一印象是：这些话要么说明他们对咨询师的真实世界一无所知，要么说明他们是为了提高咨询职业的可信度在为自己进行公关宣传。他们似乎认为客观数据构成了社会"现实"，这在历史上早就属于自然科学的信念。另外，这段话给人的印象还有：只要多付出一些努力，事实总是可以找到的。但是，"事实"是什么却没有定义。

　　不要认为经验丰富的变革代理人或者行动科学家总是以为事实只有一个。其实，这种念头在当今的自然科学里也是站不住脚的。Elton 把历史研究和自然科学进行比较以后提出："如果现象被看成是（自然科学中）客观事实的话，现在看来那只是从随机变量中得出的一个抽象统计。"② 相反，自然科学家经常会用到类似的词语："更有可能"、"更为精确的描述"、"从美学角度上更为满意的"或者"从知识角度更为满意的"。

　　Fleck 在《科学事实的起源和发展》（*Genesis and Development of a Scientific Fact*）中研究了"事实的灵魂"问题。③ 尽管报告早在 1935 年就发表了，但是该报告直到现在才引起人们的注意。一位科学家针对这个标题感叹道："这怎么能成为书呢？事实就是事实。它既没有起源也没有发展。"④ 一般人也会认为事实是明确的和永久的，不管主观上如何解释，也不管范式如何。用 Fleck 的话来说，这纯属幻想。

　　因此，研究者/咨询师采取何种方法整理事实是一个非常重要的问题。下面用几个例子来说明事实和研究方法之间的联系。

　　学术研究者和管理咨询师提出，在战略规划过程中，企业在对未来进行预测和提出设想之前，就应该进行"定位审计"，即对企业的产品线、顾客

---

① Kubr, 1983.
② Elton, [1967] 1989, p. 71.
③ Fleck, [1935] 1979.
④ Thomas S. Kuhn 在 Fleck 书中所写前言 [1935] 1979, p. viii.

市场细分、竞争环境、财务等方面在市场上的现状进行审计。Wallander[①]
指出：经营活动中总是过高地评价预告和预测的作用。我们对未来所知不
多，这类预测只会降低我们对环境变化的适应能力。他甚至提出，我们就连
描述现在的能力都没有了。

成功的商业领导人总是生活在模糊、混沌和复杂之中。在实证范式和科
学范式看来，这种"混乱"是软弱、失败以及研究不够深入的象征。构成
"缜密的、实证的研究"基础的统计学和数学要求与独立变量或者依赖变量
保持理性的、富有逻辑的和简单的因果关系。Piercy，Cravens 和 Gummes-
son[②] 在一篇关于营销研究的实施的论文和评论中对理论和学术研究的作用
提出了质疑。Gummesson 总结道：

> 这是一个悖论。营销学中推广的数学是古老的数学，是从 14 世
> 纪甚至更早的机械模型、代数模型和几何模型中发展起来的。它们经
> 过多年的发展已经不断得到更新。借助高速计算机，以前要花很长时
> 间都无法计算出来的公式现在很快就迎刃而解；再复杂的数据处理起
> 来也是得心应手。对古老数学的过分迷恋是一种自我矛盾，因为自
> 20 世纪以来以及数十年以前演化出来的新数学为我们带来了新的机
> 会。这包括系统理论、混沌理论和离散结构、微分几何、自加热和自
> 组织系统等。这些都非常适合接受和处理复杂性、动态性、不可确定
> 性和模糊性的问题。它们并不寻求简单的或者片面的因果联系，而是
> 寻求模式和整体。他们消弭定性与定量之间的人为的界限。事实上，
> 新的数学方法中的定性成分比定量成分还要多。[③]

同时，我认为我们迫切需要事实管理（management by fact），多依靠事
实，少依靠意见。表面上看，这似乎有一点矛盾。但是，在我看来，三两个
自相矛盾的"事实"或许共同存在，相安无事。实际上，矛盾、混沌和模
糊也是事实，只不过不是实证意义上的事实罢了。

---

① Wallander，1994.

② Piercy，1998；Cravens，1998；和 Gummesson，1998。

③ Gummesson，1998，p. 248。有关模糊与混沌的论述参阅 Peters，1988；Prigogene
和 Stengers，1985；Zohar 与 Marshall，1993，p. 212；Stacey，1996；Capra，1997；Morgan，
1997。

　　为了一项关于客户的经营使命、目标和战略的咨询任务，我所浏览的计算机和电子市场未来发展的预测报告可能堆满了数英尺高的书架。这些报告都是出自那些擅长于预测技术和市场未来变化的全球一流的咨询公司。看完这些报告后，我有两个困惑。

　　第一，报告中的数据是怎么组织的？它们来自问卷调查和访谈，但是读者并不能从报告中获悉有关抽样方法、访谈者和分析者的资格、非受访者的比例等方面的完整信息。读者如何对付这些不确定性？这些数据能被当作事实吗？

　　第二，由于报告提供的数据范围有限，那么这些材料还能被当作决策的依据吗？人们当然需要补充更多的数据，尽管这要付出一定的代价。

　　我寻找到了答案之后，尽管有点事后诸葛亮，我认为自己还是无法从那些价格不菲、令人生畏的报告中寻找到什么预测结果。除了一些随意的术语以外，这些对未来的所谓预测并没有预测出什么未来；要说有什么准确的预测内容的话，时间上的预测却又不对。我们曾听说过无纸化办公方面的预测（现在办公室的纸张比以往任何时候都要多；Xerox 复印技术和计算机出现以后，纸张的消耗有增无减）以及最近常说的互联网会议将取代需要长途舟车劳顿的国际会议（互联网并没有减少国际旅行，反而增加了不少）。1977 年，数码设备公司（Digital Equipment）的创始人 Ken Olson 因为他一句话而闻名遐迩："没有任何理由相信每个人在家里都得有一台电脑。"另外，微软公司的老板和计算机奇才 Bill Gates 在 1981 年声称"640 千字节的存储量对任何人来说都够用了。"（今天的个人计算机的存储量早就达到了千兆字节，也就是几百万个千字节）

　　据此可以得出一个结论，决策往往是依据知觉、经验、意志以及特定情况下能否被社会接受等方面作出的。这也是一种"事实"，倘若用传统的方法决策就会很困难。现象学认为，一个人的言论可以被当作事实，这个事实是一个人对一个现象的解释（例如，为什么竞争对手能够赢得更多市场份额），但不是关于这个现象本身的事实（这并不能真正解释公司为什么会失去市场份额）。

　　全面质量管理（TQM）的应用离不开消费者调查，其目的是为产品和服务确定合适的质量水平。在调查过程中会征询消费者的意见。消费者的意见是个人主观感受和客观评价的混合物，经过"黑匣子"内的转换之后，消费者根据自己感觉到的需要和他们钱包的厚薄来作出决定，结果就是顾客感知质量，而这个结果又成了它所在情景中的一个事实。所以这个结论是重要的：一个事实不是绝对的真理，而是情景依赖型的真理。

Geneen 在回忆录中用了几页的篇幅讨论事实的含义。他需要不可动摇的事实（unshakable facts），但他也知道要做到这点确实很难。相反，我们倾向于把一系列的派生物看成为事实："明显的事实、假定的事实、报告的事实、希望的事实、接受的事实，"等。他又说："实际上事实总会遭到提出者的粉饰。"①

在能力、时间和资源允许的情况下，我们怎样才能做到尽量地接近事实？Geneen 建议，搜集事实的渠道必须更加广泛。要做到这一点经理应该"剔除偏差，包括他们自己的，并努力得到一张真实画面。"②

这类针对研究者提出的建议与"三角测量法"的建议如出一辙。③ 三角测量法（triangulation）是"一种用来精确确定距离和角度的技术，可用于确定轮船和飞机的位置，还可以用于筑路、隧道校准以及其他施工"，在航海、大地测量和土木工程中得到广泛应用。根据此方法，只要测出三角形的一个边和两个角来，就可以测出整个三角形了。"通过构建一系列相似的三角形，每个三角形至少与一个相邻，就可将那些难以测出的距离和角度测出来了。"④ 在社会科学中，三角测量法的本意是应用两到三种方法去研究同一问题，就可以大大提高研究结果的可靠性。例如，研究消费者需要时可以采用统计的、定量的方法，同时配合使用个人深度访谈以及焦点小组讨论方法。如果这几种方法能得出相同的结果的话，那么找到"事实"的机会就大得多了。如果这些结果相互矛盾，我们就应该意识到其中某种方法可能误导了我们。在使用多种方法时，应使各种方法之间保持一定的距离。正如 McGrath 等人所言，有时候"我们接下来运用的一种独特方法，我们自己和其他人早在以前就用过"。⑤ 因此，研究中经常会出现方法上的重复而不是补充，这的确是一种不幸。

Iacacco 认为经理们总是急急忙忙地作决定。"尤其是那些受教育比较多的"，他曾对他的继任者说，"你的问题是，Phil，你在哈佛上过学，在那里他们教你在拿到所有事实之前不要轻易地采取任何行动。"经营环境总是不断变化，而且正如 Iacacco 所云："我在 1984 年写下这些话，而我们已经开始为 1987 年和 1988 年做计划……尽管我也无法确定老百姓下个月究竟需要

① Geneen, 1984, p. 78.
② 同上，p. 93。
③ Taylor 和 Bogdan, 1984, pp. 68-70; Jick, 1983, pp. 135-48。
④ 《新大不列颠百科全书》, 1986. p. 917。
⑤ McGrath 等人, 1982, pp. 105-12; 援引自 p. 110。

什么。"①

Kaldor② 主张采用近似事实（stylized facts）。这类事实只是一些近似值，它们可以帮助我们在不丢失太多细节的情况下进行沟通。从严格的意义上讲，这些事实可能不够精确，但是它们可以把我们的注意力引向一些重要的现象。比如说，"平均数"就是一种近似事实。"平均收入"也许不能应用到任何单个的个体头上，但是可用来比较世界上不同地区的生活水平。近似事实因为简洁可能很有吸引力，但是同时也可能具有相当大的欺骗性。例如，平均收入就不是指财富在个人之间的平均分配。

Doctorow 指出，小说家

> 　　虚构的文件比政治家、新闻记者或者心理学家的"真实"文件都要有效，都要真实，都要值得信任。小说家更清楚我们所生活的世界还处于发展之中，而且现实对凌驾于其上的任何构筑都只有顺从。③

虚假的文件比真实的文件更真实这句话听起来有些令人费解。两位科学家、诺贝尔经济学奖获得者 Milton Friedman 和 Paul Samuelson 都曾讨论过这个问题。他们讨论真实的假设和虚假的假设的立场正好相反。④ Friedman 认为，理论假设不能用实际有效性而应该用预期有效性来评判。"在真正重要的和富有意义的假说中，可能会存在一些假设，这些假设中有关现实的描述性的表达不够精确。一般来说，理论越重要，（在这种意义上）假设就越不符合实际。"Samuelson 对这种观点表示强烈的反对。

哲学家 Thomas Nagel 在《没有地方的观察》（*The View from Nowhere*）⑤中描述了我们个人对世界的主观看法与我们试图努力摆脱这种主观性和更倾向于客观性观点之间存在的两难境界。后一种观点是指实证科学家认为只要在时间和资源充足的条件下就能够创造出客观性的观点。他发现科学总是自以为是；世界确实是由石头、桌子、房子和原子组成的，但是同样正确的

---

① Iacocca, 1984, pp. 53-54.
② Kaldor, 1960a., 1960b.
③ Doctorow, 1977；被 Van Maanen（1985, p. 257）所援引、讨论。
④ Sen, 1980, p. 356.
⑤ Nagel, 1986.

是，世界也是由成千上万个单独的主观因素构成的。这些就是像实物一样的"事实"。由于它们自身的复杂性而被所谓的科学报告抛弃了。

Sen 得出了如下结论：

> 没有理由能够解释为什么经济学中描述性的论断希望具有机械式的精确性，即使是在理解和消化时还会出现冲突。虽然没有人会公开反对用事实的外衣把非事实包裹起来以后再拿出去展示，一旦非事实被当成合法的描述工具，也就没有必要这样做了。采用这种方式去描述某件事情，从实用的角度来看还是可以的……但是不能够与那件事情的描述是否好或者切合实际相混淆。①

Sen 把小说视为"了解并处理事实的一般方法。通过《战争与和平》（*War and Peace*）去了解拿破仑在俄罗斯的战争，或者通过《愤怒的葡萄》（*Grapes of Wrath*）去理解大萧条时期的各个方面，这没有什么不合理的。"

因此，事实也不一定要求有多么精确，而且发现事实的科学能力也受到了挑战。在美国当证人出庭作证时，法庭会要求他们重复这段话："我发誓，我将讲实情，全部的实情，除了实情以外没有别的，所以，请上帝帮助我吧。"令人好笑的是，他们在寻求实情的时候需要得到上帝的帮助。人们可能会想，在当今世界，这句话是否可以改为"所以，请科学帮助我吧。"但是我们应该明白，没有什么理由可以让我们做这样的改动。

在我们的日常生活中，普通的新闻报道几乎难以符合科学调查的任何标准。《新闻周刊》（*Newsweek*）的一名记者这样写道：

> 将懒惰和大肆炒作结合起来就可以歪曲事实，而这种歪曲总能够比事实抢先一步……严肃新闻经常得不到信任而且缺乏后续报道，因此使得恶作剧更加猖獗……一个故事一旦退场，它几乎就彻底地消失了，而媒体上整版整版报道的将是下一个事件，常常不会再去理会上一个事件中出现的新细节，哪怕他们可以从根本上改写那些"老"故事。②

---

① Sen, 1980, p. 357.
② Alter, 1986, p. 50.

将新闻报道中的一个品牌栏目——新闻调查（investigative journalism）与科学研究进行比较非常有趣。两者之间既有区别，也有共同点。两者采用的方法相同：访谈法、观察法、参与法以及文献研究法。① 除此以外，新闻调查还具有如下特点：

第一，搜集花边新闻（muckraking）② 这个俗语告诉我们，记者总在挖掘被人们有意或者无意隐藏起来的东西。他们试图穿透某些禁区。20 世纪 70 年代初的水门丑闻已经被当成了现代新闻调查中最有影响的范例。③ 记者 Berstein 和 Woodward 因为揭露当时美国总统尼克松的工作人员为了赢得政治优势采取非法手段搜集情报而一夜成名。另外一个有关新闻调查的例子是 Ralph Nader④ 对美国通用发动机的调查以及有关他们矢口否认汽车生产中的人为缺陷导致事故频发的报道。《每日新闻》（*Newsday*）编辑 Bob Greene⑤ 揭发出来的案子令学术研究人员都会惊羡不已，他发现了从土耳其向长岛输送海洛因的秘密管道以及亚里桑那州的腐败大案。

第二，调查记者不会坐等某些事情的发生。他们不必每天发回报道，也不受最后期限的约束。他们可能调查某位企业领导签订的协议；一家公司或者整个行业的产品线及其对环境的影响；政府机构与建筑或者施工行业的勾结等。他们调查某件事情时可能仅仅是因为他们觉得有点令人费解或者仅仅是受兴趣的影响。他们可能花费几个月的时间开展调查却不会写下一行字。

第三，他们对过时的新闻报道的清规戒律形成了挑战。老式风格的新闻报道认为："你不能和市政厅战斗。"其意思是，某件事情即使再复杂，它多少还能起些作用，如市政厅就是一种象征，往往是很难发现的，因此不值得去进行研究。⑥ 调查记者专门寻找"官僚们疏忽的问题"⑦，他们对"已经被接受的神话锲而不舍的盘问，使得高级神甫坐立不安"⑧，使"新闻报道的风险变大了……⑨而（记者）得到的回报既有苦难也有喜悦。"⑩

---

① Bolch 和 Williams，1978。
② Downie，1978.
③ Bernstein 和 Woodward，1974；Williams，1978；p. x。
④ Nader，1990.
⑤ Hygstedt，1990.
⑥ Williams，1978，p. xi.
⑦ 同上，p. xii。
⑧ 同上，p. xiii。
⑨ 同上，p. xii。
⑩ 同上，p. xii。

　　新闻调查比学术研究更为勇敢。记者受到的训练就是要敢于接触身居要职的人们，而且他们在深更半夜给这些高官打电话并不害怕。他们身上体现出更多的耐力和更多非正统的接近方法。

　　调查性新闻报道、回忆录、小说、纪录影片和科学研究之间的区别并不是很明确。有时候他们可以合并成一种"纪实小说"（factual fiction）或者"纪实电影"（faction）。世界上很多畅销书的作者就活跃在这类写作形式的边缘地段。下面让我们通过几个例子来说明不同类型的接近、预知、数据搜集方法以及结果提交的形式。

　　Arthur Hailey 的小说作品《机场、旅馆与强效药》（*Airport*，*Hotel*，and *Strong Medicine*，与制药行业有关）① 是在大量访谈、观察、档案材料以及深入了解制药产业的强烈愿望的基础上创作出来的。虽然作品的形式是虚构的小说，但是它所描写的内容可能是真实的。另外一个类似的例子是 Jeffrey Archer 的《平等中的优先》（*First among Equal*）② 也是通过搜集多种资料的形式创作出来的，小说描写了英国议会的政治对手之间的故事。作者本人曾任英国议会的议员，因此他对政治游戏的一手预知非常丰富，而且在接近相关信息方面具有得天独厚的条件。Vance Packard 的《隐藏的说客》（*The Hidden Persuaders*，关于广告）、《浪费的制造者》（*The Waste Makers*，关于产品的人为缺陷）以及 Anthony Sampson③ 的《主权国家》（*The Sovereign State*，关于 ITT 鲜为人知的生活）、《武器市场》（*The Arms Bazaar*，关于武器贸易）、《航空帝国》（*Empires of the Sky*，关于国际航空业）和《迈达斯的触摸》（*The Middas Touch*，关于金钱）④⑤ 等作品都是从不同的侧面描写形形色色的商业生活的新闻调查，作品都强烈地揭示了许多新的事实和禁忌。

　　管理学中的大多数研究案例是根据访谈形成的，这些访谈对每个受访者的访问时间一般只有 1 到 2 个小时。⑥ 与学术研究者相比，一些严肃的调查记者在调查上付出的努力会更多，而且他们在调查结果中揭发出来的内容也更翔实。一个例子就是《花花公子》（*Playboy*）上登载的对古巴领导人 Fi-

---

① Hailey, 1965, 1968, 1984.

② Archer, 1984.

③ Packard, [1957] 1971, 1961.

④ Sampson, 1973, [1977] 1985, 1984, 1990.

⑤ 迈达斯是希腊神话中弗里治亚 Phrygia 国王，相传贪财，求神赐给点物成金的法术——译注。

⑥ 案例研究的方法论讨论详见 Bonoma, 1985b, p. 204. 和 Kanter, 1983, p. 378。

del Castro 的访谈。① 这次访谈能够成功地接近受访者本身就是一个巨大成就，要是换了学术研究人员可能早就放弃了。要想对 Castro 进行访谈，先要通过外交渠道进行接触。为了能够从 Castro 的办公室获得他能否接受下一个阶段的采访的电话通知，需要有足够的耐心。"很少有哪个访谈像我们与 Fidel Castro 的这个为期 8 天的马拉松式的访谈一样漫长而坎坷。" 8 天访谈的成果是长达 25 个小时的录音，其中有些录音连续进行了 7 个小时，结束时已经是凌晨 4 点了。

成功的商业领袖撰写回忆录时都需要职业作家的协助。从前这类作家被称为捉刀人（ghost writers），是不能公开露面的，但是他们现在至少已经得到了承认，名字也可以被堂而皇之地印到书的封面上了，尽管字号通常比较小。Geneen 的作品就是这位执行官和经验丰富的作家共同努力的结晶。合作作者 Alvin Moscow 在该书的介绍中写道：

> 我是经过 Richard Curtis 的介绍于 1980 年春天认识 Harold Geneen 的。Richard Curtis 是一位文学作品代理人，是他提出了我们合写这本书的设想……一年以后，也就是 1981 年的 4 月份，我们开始一起工作……这次合作持续了两年半的时间，后来表明这是一次非常愉快的合作……我们在他正常下班后见面，然后从 6 点工作到 11 点，有时候直到午夜，有时候是在周末。我们的录音可能有上百万字，它们已经被忠实地写进了书中。②

Iacacco 对福特汽车公司的描写是以他自己的亲身经历为基本素材的。在另一本关于福特的书中，Lacey 全家搬到底特律居住了 2 年，先后采访了 200 多人，其中包括 Henry FordII（Iacacco 拒绝了他的采访），并且在装配线上工作了一段时间。③

另外一篇小说体新闻调查是 Graham Greene 对前巴拿马领导人 Torrijos 将军的描写。④ 这本书是社会学、政治性报道与小说之间的交叉。他把书名定为《认识将军》（*Getting to Know the General*），并把副标题定为《一位涉

---

① "花花公子访谈"，1985，pp. 57-58。
② Geneen，1984.
③ Lacey，1986，p. xix.
④ Greene，1984.

人者的故事》（The Story of an Involvement），目的是为了着重强调"认识"。作者没有任何接近方面的困难，他还受到了将军的主动邀请。他和这位将军及其工作人员还在一起生活过。

Gunter Wallraff 是一名德国调查记者，他为了接近新环境甚至进行了伪装，也就是所谓的秘密调查（covert inquiry）。他在一本书中①介绍了自己如何伪装，如何假冒成土耳其人，如何得到一份可以得到的工作，而且如何在一个客座工人社区不分白天黑夜地工作了两年多。通过这种参与方式，他发现了许多主流科学家通过访谈和观察方法难以了解到的公司信息。虽然他的方法涉及到伦理问题，但是从另一个角度来看，这也是一种惟一选择。否则就只有放弃，把它认定为不适合于研究。

我见过一些描写信息技术行业的新产品开发方面的书，这些书说明了两种接近方式。《新机器的灵魂》（The Soul of a New Machine）② 详细、生动地描写了通用数据公司（Data General）的新型计算机的开发过程，作者是以参与性观察者的身份加入到研发小组中的方式获得接近的。《时间上的转换和移动电话书》（A Switch in Time and the Mobile Phone Book）是爱立信公司（通讯设备的制造商）的一名工程师在一家广告公司的一位撰稿人的协作下完成的。③ 他们描写了新型电子和数字电话交换机的诞生以及移动电话出现的内幕。作者在这家公司工作了35年，而且亲身经历了他所描写的主要事件。

ITT 公司首席执行官 Harold Geneen 的继任者 Rand Araskog 根据自己的经历也写了一本书：

> 当 ITT 遭受狂轰乱炸的时候，我决定把自己采取的行动和思想记录下来，并在以后与那些同样处于围攻之中的美国公司一起分享这些经历，尤其是在最近十年对主流业务的全线袭击已经成为一个不争的事实④。

这也属于一种行动研究方法。Araskog 不仅是这幕戏剧中的主角，还对

---

① Wallraff，1985.

② Kidder，1981.

③ Meurling 和 Jeans，1985，1994。

④ Araskog，1989，p. xiii.

这个过程进行了记录和解释。他采取的这种方式不一定是科学的,但是他在如何接近上却占有优势。

两位经济学教授用 Jevons 元帅的笔名①撰写了一部有关经济学的笔记体小说著作,并以虚构小说的形式描写了评审和终身教授委员会的工作。两位教授对经济学领域的专业知识以及对学术晋升候选人进行评审的亲身经历的描写可能采用了传统的学术形式,但是他们选择以阴谋暗杀这条主线进行串连。尽管他们对评审委员会社会学的描写有一些虚构的成分,但是对评审过程的内在机制的描述比任何其他的研究报告都要好。

上述所有例子可能都不符合科学研究的标准,尽管有些例子试图朝着这个方向努力。但是这样有意义吗?Shipman 说:"研究方法的控制以及出版审查并不受新闻记者的欢迎,而且这只会毁了一部好小说。"② Jogn Gardner 是一位小说家和讲授写作创新的教师,他认为如果一个人"被说服,认为小说中有些事情从来不会发生以及有些事情永远都会发生的话,那么这个人就处于审美性关节炎③的第一个阶段,最后将死于学究性僵硬和知觉萎缩"。④

小说、回忆录、短篇故事和电视剧对禁忌的研究和描述更有优势。这也可能是回忆录和小说等形式之所以能够将公司内部流程的情形再现得更加切合实际的原因之一。一位国际咨询师和研究者也表达了同样的观点:"我读了很多书,特别是小说。在读 Marguerite Youcenar 的作品时比读研究者的报告获得的东西要多得多。她的小说《哈德瑞安回忆录》(Memoirs of Hadrian)可以带来智慧和理解。"⑤ 还有很多人也认为研究可以从小说中获得不少有价值的东西。例如,一位作家曾说:"案例只是包裹在灰色的现实外衣里面的想像,而小说比我们认为的想像成分还要少一些。"⑥

本节通过几个例子阐述了事实、虚构故事以及学者、调查型记者、回忆录和小说作家的表现方式之间的联系。最后我想对与受众进行沟通的媒介作些评论。

---

① Jevons, 1986.
② Shipman, 1982, p. 15.
③ 审美性关节炎喻指那些不合时宜地追求完满的关节炎患者,在并不重要的细枝末节方面苛求完美。
④ J. Gardner, 1983, p. 3.
⑤ Jeffmar 对 Richard Normann 的采访,1984。
⑥ Guillet de Monthoux, 1978. p. 40.

McLuhan 认为："媒介就是信息。"① 这句话可能是所有关于媒介与内容之间的关系的论断中最著名的一句了。尽管表达方式非常简洁，但是它包含的内容却非常丰富，即内容决不能与内容的传达方式相分离。同样的"事实"如果出现在人与人之间的谈话、科学报告、讲座、舞台或者电视等不同的媒介中时，人们接受到的事实就会有所不同，原因在于媒介之间存在着差异。在 20 世纪 90 年代后期，法国哲学家 Pierre Bourdeau 对电视发动了一场猛烈的抨击，指责电视是一种无聊的媒介，经常歪曲信息，传播的尽是一些突发奇想和胡言乱语，缺乏忠诚和前后关联。所以，他对电视采访一概拒绝。Postman 用几个例子对此作了进一步的说明。其中一个例子与一位博士生有关。这位博士生在他的博士论文中引用了一段话，他对引文在脚注中解释道："1981 年 1 月 18 日在罗斯福宾馆对调查者所说，当时 Arthur Lingeman 和 Jerold Gross 均在场。" 一位审阅人对此非常恼火，因为他认为论文只能引用书面的内容："你认为表达思想的形式与真理无关，这是错误的。在学术界，公开发表的书面语言里边所包含的尊严和权威比口头语言要大得多。"② 这句话当然是富有争议的。如果将来有某位学者引用这篇博士论文以及这句话，又会怎么样呢？到时候他只能引用书面的内容，而且同一句话所含的事实就增加了。

或许没有事实才是事实。

本 章 小 结

本章研究了案例研究法，重点强调了变革代理人、咨询师和研究人员从有限的案例中着手工作；讨论了案例研究中令我感到有些模糊不清的内容：从一个或者几个案例中建构理论、历史分析法的作用以及禁忌等问题。本章提出行动科学研究方法可以用作案例研究的一种方法，并对该方法本身存在的机会和困难进行了探讨；对如何运用访谈法和观察法搜集数据进行了讨论。最后一节阐释了事实的涵义，并对事实与小说之间的区别、科学和其他研究形式与表达形式之间的区别进行了研究。

科学家所使用的方法和咨询人员的运作模式为如何评估研究和咨询质量提出了难题。下一章将对此进行讨论。

---

① McLuhan，1966. pp. 7-21.

② Postman，1985，pp. 20-21.

第五章　学术研究与管理咨询的质量评估

正如 David Garvin 在他的《质量管理》（*Managing Quality*）一书中指出的："质量一词的概念非常难把握，容易理解，难于界定"，质量"使很多经理人感到困惑"。①

除了经理以外，对质量感到困惑的还有那些审查研究人员、研究项目、科学报告、学位论文、期刊稿件和会议论文质量的教授及相关人士。自从我开始管理咨询和学术研究工作以来，质量评估也一直是困扰我的主要问题之一——这也是我撰写本章的根本所在。

本章的第一节是关于质量的总体介绍，内容涵盖工业生产、咨询服务和科学；第二节探讨了科学范式和科学研究的质量标准；第三节论述了咨询范式及其质量标准；最后是小结。

质 量 评 估

机械和电子产品的工业生产和开发有赖于精细的质量程序。② 现代统计过程控制应归功于 W. A. Shewhart，是他于 20 世纪 20 年代在贝尔实验室（Bell Laboratories）引进了质量控制图（quality control chart）。③

如果要在激烈的市场竞争中生存下去，大批量的产品生产要依靠高度系统化的操作，因为顾客对产品，尤其是机械故障非常敏感。工业生产依赖于质量控制——通过系统的质量工作对生产环境进行控制，使用有效的方法、技巧和仪器对质量进行测量。

从 20 世纪 70 年代开始，来自日本的竞争迫使欧美产业提高质量标准，日本人在他们的美国顾问的协助下研究出了许多改善质量的新方法和新

---

① Garvin, 1988, p. xi.
② 产业中质量问题见 Gummesson, 1987。
③ Ishikawa, 1985, p. 14.

途径。

与实体产品的生产相比，计算机软件业①和服务业的质量控制相对滞后。如今，隐藏在无形的软件背后的"蠕虫"和"病毒"使仪器设备和服务系统极易受到攻击。例如，在 1990 年 1 月，AT&T 在美国的远程电话通讯瘫痪，7 500 万门电话受阻，导致机场、信用卡等高度依赖信息技术的公司陷入混乱。正如《新闻周报》描述该事件时所说的："软件是计算机革命看不见的致命的弱点。"②

随着计算机软件在机械行业中分量的加重，当服务业在 GDP 中的比重达到三分之二的时候，这些领域的质量改善越来越迫切。毫无疑问，上述领域应该学习生产领域成熟的质量方法，但更重要的是建立软件和服务领域自己的质量改进方式和方法。20 世纪 80 年代，关于服务质量的理论和方法开始出现，人们对服务质量的兴趣与日俱增，但公正地说，软件质量依旧是"青少年犯"。在本书写作时，当新的 Windows98 软件的用户因安装和使用过程中面临意想不到的困难而大呼上当的时候，供应商 Microsoft 却声称 98％的安装是成功的。③

为提高人们对质量的关注度，日本 1962 年设立了一个以 W. Edwards Deming 老师的名字命名的颇具威望的质量奖；1987 年，美国设立了 Malcolm Baldrige 国家质量奖。由于这些奖励的申报条件非常苛刻，Baldrige 奖的获得者之一 Xerox 指派 20 个人在 6 个月时间才完成了申报工作。在生产和贸易领域，已经出现许多国家和行业质量标准。为推进质量控制和质量保障，国际标准化组织（ISO）颁布了 ISO9000 质量系列标准，到 1996 年已得到 117 个成员国的认可。④

基于此，人们很容易提出反对意见："得了，研究和咨询有别于产品生产，正是软件与服务给实业带来了麻烦。研究与咨询是专业化的服务，由'知识员工'组成的知识型企业生产，在质量方面能从实业借鉴到什么？"这恰恰是我要提出的问题，尽管没有完整的答案，但我还是试图找到它们之间的联系。

全面质量管理（TQM）方面的大量文献给出了各种各样的质量定义，

---

① 软件质量讨论见 Dunn 和 UIIman，1982。
② "我们的软件可信吗？"1990。
③ Gummesson，1991，pp. 10-16.
④ ISO 9000，1997.

为方便起见，下面略举一二①：

Crosby②：质量就是符合要求。

Juran③：质量就是符合规定。

Gummesson④：专业化服务的质量是一种可感知的东西，顾客购买的是信心和信赖。

ISO9000⑤：质量是能满足顾客显性和隐性需求的产品或服务的性能和特征的总称。

让我们将上述定义用来探讨研究和咨询业中的质量问题，看看能发现什么。用第一个定义，我们可以说研究和咨询的质量就是我们的产品符合客户的研究设计或合同中既定规格的程度。为此，我们就可以逐一检查规格，看看每一项是"符合"还是"不符合"，我们甚至可以深入到更小的细节。但该方法隐含了一种假设，即规格足够清楚而不模棱两可，且标准能用于规格的各项评估。遗憾的是，当我们用它来处理组织中的过程时，不管是管理研究还是管理咨询都不能提供一个普遍适用的标准和规格。企业的管理过程正好相反：充满意外和不确定性。

为辨别真伪科学，理论界曾力图建立通用的尺度和标准，这些尺度和标准主要扎根于实证研究的范式，且类似仓储检测大批生产的标准化零部件的规格。然而科学研究毕竟不同于标准化生产的零件，这些僵化的标准在科研领域一用就出问题——只有在科学无需证伪时才有用，因为科研报告和科研人员的筛选并不是一件用条条框框比照就可以完成的简单事情。

许多评审委员会成员对理论作品的评语和建议也有值得商榷的地方。但凡人都有自己的偏见、同情、喜好、恐惧和无知之处，要想真正做到"理性"和"科学"实在太难。

审阅人被赋予了权力，而权力滋生腐败是不争的事实。我把这种现象叫"傲慢无知综合症"（arrignorance syndrome）——也就是审阅人的职位权力导致傲慢，进而玩忽职守，藐视被评估对象。

上述问题通常是人们比较忌讳的话题，因为一旦受害人对结果表示不

① 质量定义以及制造业中质量控制的发展参阅 Garvin，1988。关于质量的更多哲学和文献方法见 Pirsig，1974。

② Crosby，1979。参阅 Buzzell 和 Gale 文中有关规范质量的讨论（1987，pp. 104. 118. 131）。

③ Juran，1982.

④ Gummesson，1978. pp. 93-94.

⑤ ISO 9000，1997.

满，就会被另眼相看。人们就会说他因落选而痛苦，为他感到难过，称他为可怜的失败者，甚至说他是"酸葡萄"。如果被选中，则皆大欢喜，反之则不然。因此，质量评估成了一个单向学习的封闭系统，一个恶性循环。为了避免偏袒朋友和知名作者，专业杂志采取盲审的方式，彼此都不知道对方的身份。这种方式有一定作用，但双方都可以猜出对方的身份，且披上安全外衣的匿名方式可能导致傲慢和不负责任的行为。

　　建立尺度和标准意义深远，但尺度和标准一旦不能付诸实施，就只能成为"学术性的"（使用该词时人们往往用轻蔑的口吻）。实际上，当碰到"是"（yes）或"不是"（no）的选择时，很难确定采用什么尺度，给予尺度多少权重。所有这些很容易变成 Jevons 的小说《致命的均衡》（*The Fatal Equilibrium*）生动描述的心理和社会的游戏。① 某大学的评审委员会对某候选人的终身教授任职资格进行审查，该候选人显然是一位优秀的主流科学家，他正从事一项科学实验，检验基于理性和功利的假设，并在相关的杂志上发表了大量文章。有些评委质疑该候选人的"关于人的行为方式的一家之言"，另一个评委反驳说："我认为你们不应该因为职业范式而对一个年轻学者另眼相看。"②

　　事实上，评审条件本身是令人费解和颇有争议的。该候选人成为了评审委员会自身问题的牺牲品，包括循环推理、标准的解释偏袒既定候选人、误解、马虎对待材料、缺乏本专业的知识、对候选人持偏见或偏爱等。我感到强烈不满的是，在他们所谓的符合逻辑的推理、专业化的判断和对科学"纯洁性"的深切关注背后，这些人隐藏着个人的目的。

　　如果要求不清楚，关于质量的"符合要求"的定义自然就站不住脚。与工业生产领域相似，条件定义不清是科学产出评估的主要障碍。有时，对质量概念的不同感知导致条件不清楚；有时，研究者与评估者之间也会存在感知上的差距。这种认识上的差距在营销管理领域受到了充分的重视，人们意识到消费者购买产品的愿望和供应商的预测之间存在差距，正设法找到差距，缩小差距。在最近的服务质量模型中上述差距也已被识别。③

　　为了避免模棱两可和含糊不清，人们可以约定只认可某种程式化的科学模式。例如在某商学院，提升的机会给予了一个严格按照规定的实证模式进行研究的主流科学家。这种严格遵守技术规范的行为就是实业界所谓的

----

① 　Jevons 1986.

② 　同上，p. 100。

③ 　Zeitham 等人，1990。

"规范化"（specsmanship），可惜这种策略在科学领域行不通，因为它过分依赖定量化的假设检验，因而容易导致组织过程的僵化。

我们再看看第二和第三种定义，我们可以自问一下，适合谁用？谁是顾客？如果存在一个通用的质量标准，也就不会有问题；正因为找不到这样的标准，我们就必须为研究和咨询明确目标客户、目标群体，这就是营销界所谓的"顾客细分"。在实业界，现在通行的质量判定标准通常指顾客感知质量和顾客满意。市场导向的企业一方面调整产品质量以满足顾客需要和欲望，一方面引导顾客需求。通常情况下并不是所有顾客都挑选技术质量最高的产品，因为高质量往往意味着高价格。能购买一辆 Rolls Royce 轿车当然最好，但顾客往往发现一辆普通的轿车最符合自己个性化的质量要求。质量是一个整体概念，它不仅仅包括技术性能，还包括保险、售后保证以及售后服务等诸多事宜，另外，还必须考虑经销商和制造商的美誉度，因为我们购买的是信任。我们会根据售货员的行为判断，她是否微笑待人，是否乐意回答问题，是否善解人意。这就让我们想起第四种质量定义："满足显性和隐性需求的能力"。明确表达的需求在我们与顾客的交流或市场调查中是显而易见的；隐含的需求则不然，它需要供应商具有专业知识并深入分析才能发现。对顾客而言，他们难于表达，要么只能意会不能言传，要么他们难以启齿，必居其一。

无论研究者还是咨询师，都必须特别关注信心、信赖和隐含的需要。这种需要可能潜藏于该组织或评委会的文化和社会潜规则之中，例如，研究者是否引用过该教授的文章，投递的文章是否参考了本杂志以前的文章等。这些无形的、主观的因素在最近的服务质量模型中已非常明确。①

那么我们应该如何界定与理论研究和咨询相关的细分市场呢？对学术研究而言，其细分市场指大学院系、晋升和奖励评审委员会，以及杂志的编辑和评委们等看不见的院校（invisible colleges）。② 至于咨询师，其细分市场就是他们现有的和潜在的客户。行动科学家的任务则艰巨得多，因为他们必须同时考虑学术和经营的细分市场。

如果我们特别想得到赏识、提升或者获得某种利益，那么就必须特别注意自己的被感知质量是否合适。早年就读于斯德哥尔摩经济学院时，Bertil Ohlin 教授讲过一个他向一家著名的英国杂志投稿的故事，编辑给他回信时委婉地拒绝了他的投稿，但退稿中不小心夹了一张署名 J. M. K. 的字条，

---

① Gummesson, 1979, 1993; Lehtinen, 1985; Gronroos, 1990.
② Sjostrand, 1979, pp. 148-70.

写着："该文毫无价值，不予发表。"该文的审阅人是著名的经济学家 John Maynard Keynes，实际上该文阐明的观点非常新颖，Ohlin 教授于 1977 还因此荣获诺贝尔经济学奖。

地位显赫的评判家作出错误判断的例子数不胜数，例如，著名演员 Greta Garbo 在第二次世界大战时期曾因"个子太高"、"太业余"而遭到拒绝。有一本敏感的书，书名是《丑恶的拒绝》（*Rotten Rejections*）①，收录了许多著名作家遭出版社拒绝时编辑给他们的评语：关于恐怖小说之王 John le Carré 的评语是"没有前途"；关于 Joseph Heller 的《抓住 22》（*Catch 22*）的评语是"我不知道这家伙在讲什么"；关于 Pearl S. Buck 所著的《美好的地球》（*The Good Earth*）的评语是"美国人对中国毫无兴趣"；畅销书作家 Jean M. Auel 的评语是"其销售收入不足以支付印刷费"。

有位教授用"令人费解"来形容晋升委员会给他申请终身教授资格的评估报告，关于他的一篇作品，有位评委说是伪科学，另一位却高度评价为先进科学。②

因为质量具有无形性和主观性，在我们需要满足的顾客群体中必须有几个有影响力的朋友。我们并非一定要生产出学术研究和咨询领域的 Rolls Royce 经典车型，相反我们要生产的是 1926 年的福特 T 型轿车，只要能获得那些资深教授、评奖委员和客户代表们的欢心；如果他们讨厌敞篷车，那我们就生产小轿车；如果他们偏好节约型，那我们就生产低能耗的轿车。古代诗人都能做到取悦国王获取食物而不是被处以极刑，何况现代人？顾客永远是我们的上帝。

有个策略可能是打动评委的行之有效的方法：既然突变是在现有范式内渐变而来的，我们为什么不从渐变开始，对传统范式做逐步的修订呢？这样或许能取得成功。如果执意于根本的改变，如双向学习式的范式转变，未免太过冒险。

在行动科学领域，研究者或咨询师需要做的是"有用的研究"，也就是说你的研究必须能运用于现实生活，有益于实践人员。Reutersvard 式楼梯就做不到这一点。为此，对质量的评估就是观察你的研究在解决实际问题的过程中产生的结果。

很显然，大量的标准可用于评估研究者和咨询师，但不可能有一套放之四海而皆准的标准，因为任何标准的运用都必须依赖评委的个人范式。由于

---

① Bernard，1991.

② Helenius，1990，p. 21.

范式的选择是主观的，那么顾客的感知质量和顾客满意也自然是一种主观结果。在本范式范围内，研究结果才能得到更系统——"客观"或中间主观的评价，质量可能会更好，也有可能会更差。

　　因此，与一般人，包括许多研究者的理解相反，科学的方法并不一定产生清楚、客观和无争议的知识。还有人这样认为：自然科学比社会科学和行为科学更精确和客观。然而，Mitroff 进行了一项科学研究，研究对象是 42 位科学家，他们的主要任务是研究 Apollo（太阳神）太空船带回来的物质，Mitroff 的研究结果表明"区别主要存在于科学家的工作方法"。① 在另外一项研究项目中，我有幸考察了医学和营养学两个方面的研究方法。② 我得出的结论是上述两个领域的研究和工商管理领域一样容易受主观判断和习俗的影响，只是这两个领域的科学家们既没有意识到，也不愿意承认该事实。某位医学方面的教授写道：

> 　　科学家们自己往往对科学界缺乏清醒的认识，也没有能力改变它。有人曾经号召人们讨论科学界的结构以及它的基本价值观，最后当然是徒劳的行为……人们又不得不像封建社会那样，顺从权贵；或像宗教社会一样，盲从权威。③

　　管理哲学家 Peter Drucker 这样形容管理学：

> 　　在美国，管理学不是，永远也不会是科学，和医学一样，充其量只是实践。实践从科学中汲取养分……所以，管理学在经济学、心理学、数学、政治学、历史和哲学的土壤上生长。和医学类似，管理学也是一门自成体系的学科，有自己的假设、自己的目标、自己的工具等。作为一门独立的自成体系的学科，管理学就是德国人所说的 Geistewissen-schaft——如果要翻译该晦涩的词语，"伦理学"可能比"社会科学"更贴切，但我们认为最恰当的词还是流传已久的"人文科学"。④

① Mitroff 和 Kilmann，1982，p. 20，全文参阅 Mitroff，1974。
② Sjostrand，1975，1979；Lindahl 和 Lindwall，1978；Hesslow，1979，参阅 Naess（1982）有关科学条件及非科学边界的讨论。
③ Sjostrand，1975，p. 958.
④ Drucker，1987，p. 227.

　　Fleck 的科学理论观建立在一个医学案例的基础上，他对社会学进行了深刻的阐述，他将思想集体（thought collective）定义为"相互交流思想或保持知识互动的群体"。① 今天，这种集体以网络的形式出现，已越来越普遍；但过去，他们只是"思想团体"（thought communities）——也就是有自己的名称、层级结构、办公场所和资金来源的研究机构。思想集体的成员有共同的思维方式（thought style），包括共同的熟知，有效确保内部交流的畅通，限制其他思维模式的入侵。这种思想团体很容易演变成独立的观念系统，正如 Braben 描述的那样：

> 　　我们不仅要增加洋葱的产量，还要不断开发新的蔬菜品种，一些我们不仅未曾尝过，甚至想都没想过的品种……一个研究型企业，如果限制越多，令人惊奇的火花就越少，最终就会越来越贫瘠。②

　　对质量规范严格遵从只能引起科研的量变，而不能产生质的飞跃和革命性的突破。

　　Behrman 和 Levin 批评商学院时如是说：

> 　　尽管成千上万的教学科研人员在从事研究，但商学院过去 20 年的研究成果不能通过任何应用测试，也不能用于解决国内或国际上相关的管理或政策问题……（商学院）必须重新调整研究方向，再不能走原来思维狭窄的老路，晋升和奖励系统更不能再奖励这样的行为。③

　　Payne 和 Lumsden④ 的结论是：工商界的理论研究产生的观念以及观念在实践层面的广泛应用是令人失望的。与此相反，某咨询师⑤说，学术研究

---

① Fleck，［1935］1979.

② *The Strategic Planning & City News*（1987. p. 3.）刊载由 Braben 组织的研讨会的摘要。

③ Behrman 和 Levin，1984，pp. 141-42。

④ Payne 和 Levin，1984，p. 54。

⑤ Washburn，1984/85，p. 15.

是咨询的研究与开发的左臂右膀，只是未赢得应有的信誉。

　　研究人员还可能受到政治和宗教的影响。例如，俄国遗传学家 Trofin Ly-senko 伪造数据，"证明"人的行为具有遗传性。最后的实际"结果"是：如果给丈夫和妻子灌输某种思维，那么他们的子女天生就会具有这种思维。①

　　Lysenko 利用政治影响对批评者进行反驳，由于 Stalin 和 Khrushelev 的支持，对正统遗传学的研究在前苏联被压制达 20 多年。该故事主要用来警示某些政治家和其他人不要对科学研究横加干涉。同时从反面证实了科学界本身不能抵抗压力，不能抵制投机行为。至今，这种能力仍未得到改进，只是学会了迂回前进。目前有些研究机构和私人企业正从事基因技术的研究，作为早期开发者，猎取了巨大的利益和声誉，但并没有产生具有长远意义的科学知识，依旧停留在实证和零散的实验室研究阶段，只是套上了主观猜想的光环，赢得了些许同行的认可。政治和公众的声音不会忌惮西伯利亚的集中营，却害怕微妙的社会关系、公关活动、沉默不语、政客游说、媒体炒作以及对失去研究经费或者遭遇职业生涯上的失败的隐约担心②。

　　这种现象被称作 Lysenko 综合症，在管理界也是司空见惯。例如，记者和经济学家 Ake Ortmark③ 描述了他为撰写一本财力调查方面的书，采取匿名方式采访 Wallenberg 家族时遭遇到的种种困难，最后定稿时，还有人给他施加巨大的压力，要求删除某些情节，赞美某些人。

　　我曾与一位美国教授就一篇博士论文展开讨论，这位教授强调必须"玩博士游戏"④。他把科学研究看作具有明确规则的游戏。连环漫画《花生》（*Peanuts*）中的小 Linus，随身携带一床毯子作为盖被：和 Linus 一样，理论研究者采用统计方法和数学公式从进行假设检测中寻找安全感。无私无欲的科研工作者是理想化的人物，正如 Broad 和 Wade 描述的那样：

> 　　科学家和普通人并无两样，当他踏进实验室的大门，穿上白大褂的时候，和其他任何阶层的人一样，前进的动力是热情、抱负，还有

---

　　① Shipman，1982, pp. 51-52；Broad 和 Wade，1982，pp. 186-92；Sakharov，1990。

　　② 有关科学研究中欺骗与伦理的问题请参阅 Broad 和 Wade，1982；Crossen，1994；Howard，1994；基因控制相关内容 见 Shiva，1997。

　　③ Ortmark，1985.

　　④ Mitroff（1974，pp. 251-71）中也讨论过科学博弈的问题，其目的在于讨论科学实践中的重要问题而不是科学究竟是不是博弈的问题。

挫折。为了获得成功，一个研究者必须发表尽量多的文章，获得政府资助，修建实验室，雇用研究生……谋求大学终身职位……赢得国家科学院的选票，梦想有朝一日能收到斯德哥尔摩的邀请前去领取诺贝尔奖。①

　　所有这些自然会影响研究人员的行为，也有可能导致蓄意的欺诈行为。② 小说家和科学家 C. P. Snow 在他半自传小说中这样描述这种现象："从那以后我了解到时不时就有骗子混进科学队伍。有时，他们必须装成无辜的样子：由于错觉或条件所限而未能看清真相"。③ 接着他讲述了发现同事朋友提供虚假结论时，与自己的良知斗争的过程，"那是蓄意的错误，他犯了严重的科学罪行……提供虚假事实，掩盖真实事实……我想科学的道德观对他几乎没有任何约束。但是风险肯定是存在的，因为一旦被发现，他就被毁了。"④ 最后作者得出的结论是："让他赢得赌博，让他获得他梦寐以求的成功。他将为此而欣喜，他将成为科学界的人物，他将抛头露面公开谴责不道德的行为，对这些他会乐此不疲。"⑤

　　最近几年，有人在质询 Freud 是否欺诈，用牵强附会的数据资料证明自己的理论。⑥ 还有，Einstein 真是自己发现了相对论，还是大部分工作都是由他妻子完成的？⑦

　　科学研究不是简单的遵循规范和规则的问题，在任何时点，关于什么是好的研究成果，总是仁者见仁，智者见智。同一所大学，甚至同一个院系内，采用不同范式的研究人员要么水火不容，要么求同存异。⑧

　　于是，得出结论如下：

---

　　① Broad 和 Wade，1982，p. 19。

　　② 对科学中欺骗问题的讨论参阅 Broad 和 Wade，1982；M，Gardner，1983，及 Hansson，1983，1984。但文献中关于蓄意欺骗、误解和不同科学范式的界限尚不明了。

　　③ Snow，[1934] 1958，p. 94.

　　④ Snow，[1934] 1958，pp. 338-39.

　　⑤ 同上，p. 341。

　　⑥ 对弗洛伊德的批评见 Crews 等人，1997；弗洛伊德的辩解参见 Forrester，1997。

　　⑦ Overbye，1990.

　　⑧ 有关学术研究机构冲突的讨论请参阅 Svanderg，1970；Stolpe，1970，pp. 130-56；和 Stockfelt，1982。

> 科学研究获得认可一方面是学术成就的体现，另一方面是与上级、同行以及其他相关人士交流和沟通能力的体现。质量的上述两个维度——学术维和社交维，都必须妥善处理，不可偏颇。科学文献只反映学术上的高低，往往误导人们对科学研究过程的印象。

学术研究者的思维和行为受到潜意识的规范的控制，我们把这种潜意识的规范叫作"科学范式"①；依此类推，我们把管理咨询领域的潜意识称为"咨询范式"。

咨询服务的质量评估也具有高度的主观性。一项早期的研究②表明，客户主要评估咨询师的可信度，也就是说，咨询是一种相互信赖的工作关系，是一种可感知的质量。

Feyerabend 这样描述他的科学观：

> 科学非常接近神学，科学哲学对此不敢苟同。科学是人类长期形成的思维方式的一种，但不一定是最好的一种。它招摇撞骗，嘈杂喧闹，同时又厚颜无耻，但如果你形成了某种意识形态，或者在你接纳它之前对它的优点和局限性都不加考虑，那么它也不失为一个好的选择。③

Feyerabend 的经验和我的不谋而合：大量的管理研究盲目地放大了研究方法和结果之间相关性的重要性，同时忽略了自身的研究范式。

咨询师们也可能是"招摇撞骗，嘈杂喧闹，同时又厚颜无耻"，且盲目夸大研究的意义。当斯堪的纳维亚航空公司（SAS）成功地扭转颓势的时候，大批咨询师纷至沓来，其中几个公开声称 SAS 的成功凝聚着他们的英明。但首席执行官 Carlzon 对这种声明感到愤慨的同时，在他的书④中只提到了两个咨询师的名字。下面一段话进一步说明了某些咨询公司的盲目

---

① 科学范式讨论参阅 Tornebohm，1983，pp. 238-44。

② Gummesson，1977，pp. 149-50 和 1979。

③ Feyerabend，[1975] 1980，p. 295.

④ Carizon，1987.

自信①：

> "相比其他资源有限的咨询公司，我们专家的集体智慧能确保我们的解决方案和建议更具体、更详细。"（广告词）
>
> "一起合作，我们能解决商界大多数的问题，无论公司大小，公立还是私营。"（广告词）
>
> "宽广的业务范围确保我们解决客户提出的任何问题。"（某大型国际咨询公司总经理接受采访时的宣言）

从另一个角度来看，我们或许能够接受 Sherlock Holmes 在《恐惧的空谷》（*The valley of Fear*）中表达的那类智慧：

> Mac 先生，如果我们有时候不是为了让自己的成果光彩照人而设置场景的话，我们的职业确实就是十分单调、卑微猥琐的……对可能发生的事件的果断的推断、设置的微妙陷阱、冒险采用某种理论结果却证明是成功的——难道这些不是我们毕生工作中能够引以为自豪和很有成就感的事情吗？②

借助 Holberg 的剧本 *Eramus Montanus*，我们才有可能生动地向世人展示科学与咨询的范式。Montanus 刚从哥本哈根科学院回来，就与在家留守农场的兄弟发生了争论。③

> Montanus：我想探讨的是一些重大的学术问题，例如：是先有人还是先有天使？地球是圆的还是椭圆的？月亮、太阳、星星，它们究竟有多大，距离地球有多远？凡此种种问题。
>
> Jacob：这些都不是我要探讨的问题，因为这些都不是我关心的

---

① 援引内容真实无误，但咨询公司名称不便透露。
② Doyle［1915］1960，p. 84.
③ Holberg，［1723］1914，p. 134.

问题，只要我能让仆人好好工作，他们要把地球说成 8 个角与我们也毫不相干。

　　表 5.1 总结归纳了相关范式下的研究与咨询工作，有些因素前面章节已作了详细的论述，例如接近与角色（第二章）、预知与熟知（第三章）、接近的方法（第四章）。我们并未探讨不同的科学和咨询范式的性质和内容，结合研究和咨询的质量评估，我们认为有必要讨论行动研究者和咨询师行为的范式特征。

表 5.1　　　　　　　　　　　　　　科学与咨询范式

科学范式	咨询范式
研究者的目的：获取新知识、在相关杂志上发表文章、文章被引用，或获得晋升的机会	咨询师的目的：按客户要求完成任务并得到新的任务
研究者的预知与熟知，专注于理论研究并得到实践检验	咨询师的预知与熟知，专注于实践并得到理论支持
选择研究领域以及该领域内的研究项目	选择咨询领域，如企业战略并确保该领域内的咨询项目
选择接近的方法与研究者角色	选择接近的方法与咨询师角色
选择质量标准：科学界对研究好坏的评判	选择质量标准：客户对咨询工作的评估

科学范式及其质量标准

　　在名为《社会探秘》（*Wondering about Society*）的书中，Asplund 将研究者与侦探小说中的英雄进行比较，两者的相同之处是发现问题、解决问题。[1] 侦探采取的方法完全不同。有的是提出假设、系统地收集证据、对因果关系进行逻辑推理，最后得出结论。我们曾接触过一个从事犯罪领域咨询的咨询师 Sherlock Holmes，他提供了进一步的佐证。在《银色的火焰》

――――――――――

① Asplund，1970，pp. 12-25，对 Holmes 和 Maigret 咨询师和科学家角色的讨论见 Granholm，1975 和 1987。

（*The Case of Silver Blaze*）一书中，他介绍了他的方法：

> 　　这是很多类似案例中的一个，推理者必须花费更多的精力详审细节，而不是获取新的证据。悲剧是如此不同寻常，如此周密，涉及范围如此之广，以致我们煞费苦心从大量无可争辩的事实，还有理论家和记者的添油加醋中进行了大量的推理、猜测和假设，其难点在于对不相干事实的分离。在此基础上，我们的责任是进行合理推断，找出神秘之所在。①

　　Sherlock Holmes 的科学范式通常认为符合自然科学的范式，是一种实证范式。他的推理和因果逻辑是计算机 BASIC 语言产生的灵感，该语言完全建立在 Sherlock Holmes 的故事的基础上。② 如果当初作者采用法国人 Maigret 的方法撰写编程语言，他将死得很惨，因为 Maigret 采用完全不同的方法：

> 　　一回到办公室，Maigret 脱掉外套，站在窗子边点燃烟斗。无论如何 Maigret 好像永远都不满足，这时，Maigret 夫人就说 Maigret 非常紧张不安。
>
> 　　也确实如此，他竭尽全力进行着自己的调查，不漏掉过去和现在的蛛丝马迹，从而获得翔实的资料。然而，他还是惟恐漏掉什么，但究竟是什么呢？他百思不得其解，陷入痛苦的深渊。
>
> 　　"小姐，请帮我接通 Sancerre 警察局，我想和负责人通话，如果他在……如果他不在，请帮我接通他的助手……"
>
> 　　然后他开始在屋里来回不停踱步，接着两周之内，他会确信地告诉自己，案子了结了，他和妻子就会回到 Meungsurloire 的家中稍事放松。③

---

① Doyle，［1892］1985c，pp. 2-3.
② Ledgard 和 Singer，1982。
③ Simenon，1975，p. 96.

　　以上关于 Maigret 的描述综合考虑并系统分析了情感、直觉、机遇和气氛。重要与琐碎交叉混杂，个性化与专业化集于一身。Maigret 对形势进行独特的判断，并总能成功地找出凶手。他受解释范式的支配，但我们也可以说他从许多定性概念和方法中得到灵感。Tesch① 总结了 46 种定性的可能，Patton② 列举了 10 种理论传统，Helenius③ 将 7 种传统与解释的概念进行了整合。如果不对上述可能性进行深入分析，我很可能将解释学与另外两种范式联系，那就是现象学和道教。

　　现象学在社会科学文献的定性研究中似乎更为流行。根据 Taylor 和 Bogdan 的观点，"现象主义者一般从自己的角度了解社会现象，他或她亲身体验的和感知的才是事实"。④ Odman 阐述了现象学和解释学之间的差别：

> 　　现象学主要针对人经历的直接现象，如思维与感觉，而解释学更关注前后的关联。关于人的"痕迹"的诠释，解释学时常走出可观察的范围，从"字里行间"寻找关系，因此确切地说解释学更注重现象间的关联。⑤

　　一个简单的例子就能清楚地说明二者的区别。学生和研究者为接近管理问题的资料走访了执行官、顾客和其他相关人员。那些社会科学家主要受实证范式影响，他们习惯于用问题和答案的方式简化数据处理，他们完全忽略非言语现象，如肢体语言、实体环境以及访谈中的突发事件。现象主义者记录所有线索以便"熟知"被访谈者；解释学家则深入一步，他们参考以前的事件、个人经历以及一切与调查相关的事件来"解释"当前事件。

　　道教源于东方宗教和哲学的一种传统。三言两语不可能把东方人的思想说清楚。但是，言简意赅的评述与西方实证主义则可以相互映照。

　　我们通过对广为人知的阴和阳的解释已经介绍了道教。根据 Capra 的观点，道家对直觉感兴趣，忽视理性知识，不相信传统智慧、推理和分析方法："对自然的细致观察，再加上强烈神秘的直觉，让道家圣人们拥有深刻

---

① Tesch, 1990, p. 58.
② Patton, 1990, p. 58.
③ Helenius, 1990, pp. 211-13.
④ Taylor 和 Bogdan, 1984, p. 2。
⑤ Odman, 1985, p. 2162.

的洞察力，这已经得到现代科学理论的证实"。① 与此相关，我认为有必要
提及东方哲学中通过自身修炼获取洞察力和智慧的途径。如佛教认为："通
过熟知与人脑和心灵的开发获取的智慧才是最优秀的智慧。"② 西方科学方
法是外向的，通过实证数据取得，也就是通过环境的观察获取，数量经常是
有限的。

　　发端于东方的古老思维方式已经复苏并得到西方人的广泛认可，最好的
例证是先验思维，即 TM（transcendental meditation），它是一套放松、平衡
和扩大人的思维和意识从而增进创造力的实用技巧，已在科研和商业领域得
到越来越广泛的应用。③ 我坚信这种研究和实践方法对获取管理现象的熟知
和洞察力具有无限的潜力。

　　关于以上传统方法的著作很多，且定义并非上述那么简洁，例如，How-
ard④ 著有《解释学的三个方面》（Three Focus of Hermeneutics），Palmer⑤ 探
讨了解释学的 6 种"独特"的变异。

　　在实证研究的方法中，我倾向于解释学这个术语，主要出于以下三个方
面的原因。首先，通过阅读解释学的文献我开始质疑实证主义的传统；其
次，相对于其他选择，解释学的意义更广泛；最后，正如实证主义本身，解
释学发端于西方。

　　依此背景，让我们重新认识侦探 Holmes 和 Maigret，二者皆搜集某事件
过程的现实世界的资料，而资料受他们的预知的影响并由此得出某种结论。
换句话说，他们一开始就采取了推导的方式，因而选取的是推导的路径。有
关 Holmes，请看下面报道：

　　　　人们曾多次指出，Holmes 的所谓推理实际上就是感应现象。就
　　像科学家探索自然之谜，Holmes 首先搜集相关证据，有时进行实验
　　以获取新的资料，然后依据自己丰富的犯罪方面的知识和相关的犯罪
　　科学，得出最可能的假设。最后根据假设进行推理，进一步用新的证

---

①　Capra，1984，p. 101.

②　Thera，n. d. p. 29.

③　Kory，1976；Russell，1976；Gustavsson，1992.

④　Howard，1982.

⑤　Palmer，1969，pp. 33-45.

> 据对推理进行证实并做必要的修订，直到可能逼近确定，使事实最终
> 浮出水面。①

　　让我们进一步系统地讨论实证科学范式和解释科学范式之间的区别以及
彼此在科学工作中运用的条件。
　　亦或是在社会科学领域，实证主义也被许多人信奉为"正确的"科学
范式。现实确实如此。Rubenowitz 将实证主义的特点归纳如下：

> 　　定量和实证主义的研究传统在社会和行为科学领域处于支配地
> 位，这一传统至今仍非常普遍。该研究方法建立在对数据的统计分析
> 的基础上，而数据来自描述性和比较性研究和实验。这种方法通常被
> 称为实证主义，它的前提假设是只有通过测量和客观鉴定得到的知识
> 才具有真实性，那么那种所谓的"合乎逻辑的实证"只能提供解释
> 的基础，一般理论则会时不时地与解释路径发生冲突。②

　　解释学代表对实证主义笨拙僵化地处理社会领域某些问题的批判，它运
用个人的理解能力去"认清现实"，而不是像实证主义那样，运用客观"事
实"和统计分析解释因果关系。语言起关键作用，定性评估部分地取代定
量数据，一般性比具体性更重要。
　　表 5.2 描述了实证研究与解释研究的主要区别③，有些观点已经提出，
其他将后续讨论。

表 5.2　　　　　　　　　　实证范式与解释范式的比较

实证范式	解释范式
研究集中于描述与解释	研究集中于熟知与解释
明确的、严密的研究	严密的整体研究（整体信息）
优势是演绎推理，思维受明确阐述	优势是归纳推理，研究者的注意力比较扩散和
的理论和假设支配	"飘逸"

---

① M. Gardner, 1983, p. 115.
② Rubenowitz, 1980, p. 26.
③ 此表源于 Andersson, 1981, p. 104, 和 Barmark, 1984, p. 90。

续表

实证范式	解释范式
研究集中于概括和抽象	研究集中于具体、特定事件本土化理论，但也试图概括
研究者试图区分事实与价值判断，寻求客观性	事实与价值判断之间区分不太明显，认可主观性
研究者针对研究对象试图坚持理性的、语言的和逻辑的方法	预知通常不能用语言明确表达或不能全部被意识到，默会知识起重要作用
运用统计和数学工具定量处理数据	数据处理主要是非定量化的
研究者游离在过程之外，例如，他们与研究对象保持距离，维持局外观察者的角色	既保持距离又参与，研究者试图从内部亲身体验研究对象
区分科学与个人经历	研究者认可科学和个人经历两方面的作用，他们将个性作为工具运用
研究者试图保持情感上的中立，明确区分理智与感情	研究者允许理智与感情的双重作用
研究者从自身之外发现，而不是"创造"实际的研究目标	研究者有时创造研究目标，例如过程或文件的意义

实证的和解释的两种范式各具优势，乃两个极端的范式，它们就是我们要探讨的科学范式。

一手预知在第三章中进行了阐述。根据 Andersson 的观点，在实证科学中，"对问题进行一手研究没有任何意义，相反只能导致个人偏见"。① 这种从经验（研究者预知的一部分）中获得的洞察力只能起屏蔽性预知的作用。

解释范式的观点则相反，根据这一观点：

解释性方法不允许置身事外，它要求研究者全身心地投入其中，他们的个性和经历是对研究领域的一种投入；个人的承诺是熟知的前提……因此个人经历一向被认为是科学的优点，但解释学把它作为要求而不仅仅是优点。②

① Andersson, 1981, p. 42
② Andersson, 1981, pp. 94-95.

　　根据以上叙述，实证研究者扮演着旁观者的角色，而解释的研究者参与其中。

　　实证主义和解释主义都要求有创造性和认清事物本质的能力，只是实证主义更侧重于分析能力，认为分析能力比创造性和方法上的创新更重要。在解释学中，研究者试图摆脱"传统智慧"，发现新的东西，从所谓熟悉的环境中阐述问题。① 人种方法论者则更进一步，认为"行动的意图总是不明了且疑问重重"，在社会交往中根本不存在当然正确的规则。② 如果学术研究者被要求给出问题的定义，一个与时俱进的公司经理更有可能把它定义为机遇与挑战，例如，IBM 的员工③要求能识别"机遇之窗"，IBM 文化包括"事件管理……要求致力于提升公司的实力，如果产品在 Dallas 销售看好，而在 Seattle 销售不容乐观，那么你就应该到 Dallas 去弄清楚他们在哪些方面做得好，而不是到 Seattle 去弄清楚哪些方面做得不好。"在一个动态的企业文化中，创新精神和企业家精神受到高度关注，人们喜欢谈论机遇而不是问题。问题总是与困难对等，总是与缺乏冒险精神和创造力的环境相联系。

　　实证范式下有许多方法，这些方法传统上与自然科学紧密相联，建立在古老数学基础上的方法已适应了解决社会科学问题。控制实验被认为是最好的方法，当实验受到条件限制不能进行时，问卷调查、访谈法和观察法未必不是较好的方法，只是这几种方法同样无法控制研究变量及其关系。如果可能，人们还是习惯采用定量的方法对假设进行检验。研究者首先提出假设，然后在研究过程中对其进行证实或证伪。

　　因此，实证主义的教科书把研究过程定义为遵循客观规律，从问题开始，到得出结论结束的一系列合乎逻辑的、理性的、一步接一步的活动。实业家的决策过程遵循同样的逻辑规律。在决策中，逻辑模型受到其他模型的挑战，其中之一就是 Cohen 等人④提出的"垃圾罐模型"（garbage can model）。在该模型中，决策被视为垃圾罐，组织成员往其中倾倒问题和解决办法。组织就是"一连串的决策寻找问题，问题和感情寻找决策条件，方案

① 同上，pp. 48-52；Arbnor 等人，1981。
② Taylor 和 Bogdan，1984，pp. 10-11, 108-109.
③ Rodgers, 1986, p. 122.
④ Cohen 等人，1972。

寻找要决策的问题以及决策去寻找活干"。① Martin② 也认为可用"垃圾罐模型"来描述研究过程。

如果某人认为"垃圾罐模型"比理性的模型更真实，那么在科学研究中就有必要使用判决请求（judgement call）。③ 判决请求是棒球术语，指在现行游戏规则不连续、不客观的情况下必须作出的判决，例如，"那次投掷在击球区吗？"判决请求累积起来对结果产生很大的影响。在研究领域也会出现类似情况，例如"很多决策缺乏可靠、及时的'客观'的规则可循，甚至连数学法则和经验方法都没有。而且，就像棒球比赛一样，判决请求的累积对最终结果会产生决定性的影响。"④

根据 Anderssen 的观点，在解释学领域没有一套可行的方法：

> 解释学否定实证主义关于不能带偏见的观点，相反，它认为偏见在研究过程的各个层面普遍存在，最明显的例证就是解释学研究很少包含有关方法论的技术章节。然而，如果客观性被认为是怪物，那就没有必要探讨方法论。因此，实证主义者认定的"关于解释学方法论的书"通常导致产生解释学难以满足的要求。有关解释方法论规则的形成只能将解释学改变成实证论。因此，关于解释学的书籍现在不存在，将来也不会出现。⑤

我认为，我们也不至于完全否定解释学的方法论文献。然而，实证主义研究致力于建立明确的强制执行的规则和标准，解释学与之相悖。有些变通的战略和方针有助于解释学研究，但针对特定场合下的个体研究者，上述战略和方针并没有提出具体的步骤。

以下是 Molander 对解释学的研究要求的描述：

---

① Cohen 等人，1972，p. 2。
② Martin，1982，pp. 17-39.
③ McGrath 等人，1982。
④ 同上，p. 13。
⑤ Andersson，1981，p. 82.

> 研究者与研究对象之间的关系处理至关重要。是否可能"客观地"评判哪个是最好的诠释？结果必须在解释学范围内产生。研究者和被研究的人原则上可以坐下，就各自对一定条件下富有行动意义的事实的理解进行对比。达成一致意见的能力就是解释过程的结果，它取决于洞察能力。如果我们的理解不一致，有些事情必须改变……其必然的结果是人们放弃中立的和不带偏见的解决方案……任何"毫无价值的"决定的想法将立即消失。认识过程只偏袒参与者。行为科学和社会学基本上变成了"伦理学"，这就要求研究者具有自我洞察能力，因为我们理解能力的缺乏往往产生于我们对自己能力的认识不够。这个观点听起来偏激，但 Aristotle 实际上也持类似的观点。①

Odman② 回答了困扰解释研究者的某些问题，他们正试图为自己的研究建立信任基础。第一个问题是研究者如何向他人介绍和说明他们在研究或咨询过程中采取的行动是正当的。研究者自己身处解释过程"内部"，外人对此难以理解，这样就产生了交流问题，为此，语言起到决定性的作用，研究者必须做到简洁明了（clarity 和 simplicity）。

我的印象是对作者要求过于苛刻，而对读者要求甚少。在研究和咨询的评估者中，粗心的读者比比皆是。报告针对读者能够起到投射测试的作用，他们将自己的知识、偏好、同情或厌恶投射给作者，因此，读者与作者共同承担责任。③ 与人际联系所能提供的机会相比，书面报道为一相当不恰当的传递知识的途径。Noll④ 对著述产生效果的能力表示质疑。作为一名法学教授，在患癌症处于生命的弥留之际，他将有限的时间全部用于探讨生活的本质，他说他从未见过一本探讨浩如烟海的文献如何影响思想和行动的科学出版物。

Odman 提出的第二个问题与范式介绍和预知有关，这是一个棘手的问题。实际情况是一个人通常意识不到影响他的思维和行为的范式。相反，人们一般选择向读者描述自己的观点，大量使用例证，充分利用语言。

---

① Molander, 1983, p. 237.
② Odman, 1979, pp. 98-99.
③ Glaser 和 Strauss, 1967, p. 232。
④ Noll, 1984, pp. 110-13.

第三个问题指给予读者检查解释和结论形成的路径的机会。关于此，Odman 建议研究者提供文件证据，如注解、录像等，以及支持自己结论的论点。

Glaser 和 Strauss ①的扎根理论以及他们的比较分析方法是实证和解释范式应用的最好佐证，同时也为研究质量的评估提供一整套规则。例如，他们编辑了 8 个问题，用于评估研究者开发理论和模型的能力②：

1. 作者的重点是证实理论（verification）还是建构或者发现理论（generation & discovery）？

2. 他们对实质性（有限和具体）理论还是正式理论（一般性）更感兴趣？

3. 报告中所用理论的边界是什么？

4. 扎根理论在多大程度上建立在经验和现实世界数据的基础上？

5. 理论的概念详细度有多大？

6. 使用了哪类数据（kinds of data）？与理论的关联度如何？

7. 理论的完善程度有多大？是否能容纳新的数据？

8. 作者展示所用理论类型的清晰度（clarity）有多高？

现有的扎根理论在欧洲已引起人们对管理研究的浓厚兴趣，尤其是在斯堪的纳维亚③。在那里，Glaser 和 Strauss 的著作成了案例研究的标准参考书。然而，他们的讨论通常只有部分应用于研究，且作者制定的严格的规则经常有人违反④。

Argyris 和 Schon⑤ 在企业学习能力和研究者、咨询师介入的基础上提出了行动的理论（theory of action），他们说"用于理解和预测的理论与用于帮助人们采取行动的理论相距甚远。"⑥ 因此，有关行动的理论也应该根据它们能否在行动中发挥作用进行评估。

本节探讨了实证主义和解释学的区别，其目的是为了说明两种科学范式为研究指明了不同的出发点，且研究的质量评估必须根据不同的出发点区别

① Glaser 和 Strauss，1967；Glaser，1978.

② 同上，p.118。

③ Brunsson，1982，pp.103-04，和 Holmquist 等人，1984，pp.107-08。

④ Glaser 于 1998 年 4 月与我讨论时对"扎根理论"应用不够严密的问题表示出不满意，认为它影响了理论的可信性。此后，Glaser 对那些只限于使用扎根理论的研究更多了几分理解，参阅 Glaser，1995。

⑤ Argyris 和 Schon 1974，1978。

⑥ 同上，1978，p.5。

对待。

　　尽管我使用了实证和解释的概念，但是我们必须牢记它们并非始终如一和清楚明了。虽然如此，由于清楚地阐明了不同的科学方法产生的结果，我们在实践中可以运用它们。我并不认为二者是对立和水火不相容的，就像经常有人介绍的那样。相反，我认为二者是互补的，正如阴和阳。因此，没有必要阻止研究人员在某个项目中采用实证范式，而在另一个项目中采用解释范式，或者在同一项目中二者都采用。

　　因此，问题不是采用哪种范式，而是采用哪种评估标准。前面章节用大量篇幅论述了接近和预知，我认为只有在案例研究中研究和咨询才能有机地结合，如行动科学就为我们了解决策、实施和变革过程创造了最佳机会。

　　给质量检验者最有意义的建议是千万不要从有利于实证主义的立场去评估解释范式！遗憾的是，经常有人这样做。

　　根据 Shipman① 的观点，科学家与常人的区别在于：他们的方法和研究步骤可以公之于众，从而有助于研究的消费者②回答以下四个关键问题③：

　　1．"除了作者本人，是否有人用他的方法进行过类似的调查，是否会得出相同的结果？"这就是能否重复的可靠性问题。

　　2．"证据是否真实地反映调查的事实？"这是有效性问题。

　　3．"结果与实际研究的相关程度几何？"这是结果被推广的程度问题。

　　4．"为评估研究的可信度，是否能提供充分的证据细节？"如果我们追随研究者的脚步——从发现问题，数据的搜集、解释，再到找到答案，我们是否相信他？这是研究的可信度问题。

　　除了上述来源，我使用了另外两种素材来更详细地说明评估标准。一方面，我曾研究过作者为了把自己的要求加到变革过程之中而作的研究报告，对有些报告作了深入的研究。第二种素材是与案例研究和博士论文评估相关的报告。④

　　在素材和我个人经验的基础上，我找到了多种研究的评估标准，下面一一介绍。坦白地说，我提出的唯一通用标准在任何科学方法论的书籍中都未曾提及且已为世人广泛接受。科学报告必须乏味难懂，否则如果让人发笑甚

---

① Shipman, 1982, p. xiii.

② 同上，p. 15.

③ 同上，pp. ，xi, xii.

④ Persson, 1980a, 附录 1, pp. 1-3；Persson, 1980b；Hagg 和 Hedlund, 1978, pp. 14-15；Lindgren, 1981, p. 8, p. 2；Frenckner, 1981.

至开怀大笑，就会被讥讽为"非科学"，或者写了一本流行的教科书，而后者为许多"科学人士"所不齿。Peter Drucker 说："只是在最近二三十年，深奥难懂才成了理论的优点。"①

以下是案例研究的质量评估标准：

1. 读者应该具有跟踪研究过程、独立得出结论的能力：
一份文笔流畅、易于理解的报告
对研究过程的综合描述
对研究的问题、目的和内容的申述
对数据搜集、编码、分析、解释过程的描述
完整记录，清楚地描述案例
案例选取的动机
研究项目的局限性
清楚介绍结果和结论
如果发现了禁忌信息并进行了匿名处理应告知读者

2. 如果现实可行，研究者应介绍范式和预知：
个人和职业价值观，以及是否在研究进行的过程中发生了改变
所分析的系统的价值观
指导研究的理论和概念，以及选择的理由
研究者之前的经历，以及相关的信息

3. 研究必须具有可信性：
数据正确，包括正确翻译信息提供者的声明和观点
分析和解释如何得到数据的支持
明确表明对研究中使用或产生的理论、概念和结论的信心
避免有意或无意的欺诈
结论应相互印证（内部逻辑连贯性）
案例中的参与者认可报告中介绍的内容（外部逻辑连贯性）
介绍案例研究中采用的所有相关数据和信息
选取的方法和技巧匹配问题、目的和研究疑问

4. 研究者必须具有充分的接近：
确保所用的方法和技巧能充分地接近研究的过程
充分估计所需接近方法
充分估计接近所需时间和金钱方面的问题和局限

---

① Drucker, 1987, p. 62.

　　　　接近局限会如何影响研究进展
　　5. 评估研究的一般性和有效性：
　　　　结果应用的领域
　　　　研究结果能否很好地反映研究对象
　　　　其他研究与本研究结论是否冲突
　　　　本研究结果是否与现存的理论和概念冲突
　　6. 研究的贡献：
　　　　增进知识
　　　　处理相关问题
　　　　平衡方法、技巧和结果之间的关系
　　　　对科学界、客户和公众有价值
　　　　能被科学界、客户和公众运用
　　7. 研究过程的动态性：
　　　　通过自我思考和与他人沟通不断向他人学习的能力
　　　　对新信息和新的解释的创造性和开放性
　　　　处理研究中深度参与和保持一定距离之间的关系
　　　　明显地意识到研究过程中研究方案、研究方法等发生改变的能力
　　8. 研究者拥有的个人品质：
　　　　对研究任务的承诺
　　　　诚实正直，能正确地面对错误
　　　　灵活坦率，能够适应新的或者干扰性环境的变化和新信息
　　上述标准并非在所有场合都能运用或者具有同等重要性，因此，必须具
备评估的常识和良好的判断能力。
　　我在本章结尾部分和第六章中将对这些标准进行综合。

咨询范式及其质量标准

　　Peter Drucker 是管理学界大名鼎鼎的学术权威，他不仅是大学教授、管
理咨询师，同时还是记者、小说家和日本艺术的鉴赏家。他声称就是这最后
一个素质才使他成为了日本战后经济复苏的三个外国顾问之一。① 某评论家
说，Drucker "是一个成功的作家，因为他将创造性、说书技巧和对人的关

---

① Drucker, 1987, p. 222.

心融进了小说。"①尽管他的第一本书——《管理实践》（*The Practice of Management*)②，采纳了他人的观点和例证，却很少涉及他人做过的方法论和理论研究，这应该算科学还是非科学？

Peters 和 Waterman 的著作《追求卓越》（*In search of Excellence*)③无论在商界还是理论界都同样受到追捧，没有另一本管理学的书籍能出其右。自从 1982 年出版至今售出 1 000 万册。此时特别提到该书，是因为它阐明了咨询和学术研究的质量评估之间的区别。

两位作者都是 McKinsey 咨询师，拥有 MBA 学位，Peters 还是博士。在一次采访中，Tom Peters 讲述了该书的背景。他们应邀与客户的管理层会面，但他们完成任务的速度落后（咨询有时碰到这样的困境，这对他们的专业能力是一种挑战），他们无法提供任何"实质性的"事实，或图示，或表格。为挽救颜面，他们决定采用不同的定性方法，他们介绍了成功管理的基本概念，出乎意料的是引发了经理们的热烈讨论。于是，他们撰写了该书。

该书记录了美国最成功的企业，如 Caterpillar, Exxon, General Electric, Hewlett-Packard, Kodak, McDonald's, Wal-Mart Xerox 等。这些企业在成长性和财务绩效指标方面都有 20 年以上的持续增长历史。该书采取叙述的形式，书中充满奇闻轶事和规范性的论述。该书的撰写既有个人动机，也有专业的考虑，二者很难区分。该书在他们进行咨询的过程中完成，作为作者是通往"声誉"的道路，且可能带来更多更好的项目和未来的客户忠诚。该书严格的专业目的是为了揭示通向卓越的一般战略，供其他企业学习和参考。

某评论家认为该书最大的弱点在于：

> 它是作为严肃的研究类书籍而受到推崇的，显然它并不是。反反复复地问成功企业的人为什么这些企业如此成功却未进行基础性的方法论研究，对该问题的答案的可靠性和有效性进行检验并不容易。④

---

① Mendoza, 1987, p. 62.
② Drucker, 1955.
③ Peters 和 Waterman, 1982。
④ Sadler, 1983, pp. 108-109.

　　另一位评论家说，"从方法论的角度讲，该书简直就是灾难（没有控制组，措施也不明确等）"。①

　　我完全同意批评家说的该书不属科学类书籍的观点，但理由不同。他们从实证范式的平台评价该书，但是作者选择的是解释范式的平台。批评家不接受基于非正式访谈的案例研究，他们要求进行可靠性和有效性检验。某批评家甚至说很难检验回答的可靠性和有效性。正是琐碎事件的研究才容易进行类似的检验。实证研究者都是"可靠性怪人"（reliability of freaks），他们将人类行为的可靠性建立在学术共鸣性上，而不是建立在客观的基础之上。运用所谓的严格的研究方案的有效性很少能被检验。正如 Taylor 和 Bogdan 所说，"定性研究者强调有效性，定量研究者强调可靠性"且"可靠性在社会科学领域被过分强调。"②

　　该书以 9 大成功战略作为结尾，所有战略都是基本的和行动导向的。这些战略提供的无非是对过去的主观解释，更别说有什么见多识广和系统的解释。批评家曾指出，很少有企业能合乎标准。难道我们希望 9 个标准具有预言性价值？难道它是对书中结论的一般性和有效性的检验？毫无疑问，如果答案明白无误是"Yes"，对此，我们会感到无比欣慰。但是这种预言能力在社会科学领域并不存在，起着决定性作用的影响因子大多超出逻辑控制和单个企业范围。结论的优点不如说它们能够启发思维，引起人们对错误的管理方式的警觉，并有助于情节描写。

　　然而，《追求卓越》没有关于可接受的理论标准的阐述，因为读者未能追随研究者的脚步，无论是在归纳部分还是逻辑演绎部分。作者的"证据"由许多奇闻和趣事构成，文章充满了执行官的原话，写作的形式属于新闻体。作者的优势在于方便的接近、丰富的预知和理论的敏感性。该书的头两部分是最不受关注的，包括选取成功公司作为研究对象，对方法论问题展开讨论，以及对组织理论文献的创造性分析。

　　显然，两位咨询师的研究方法是成功的，评论家用的词语是"耳目一新"、"有吸引力"、"可读性强"、"刺激"、"简单有趣"、"值得所有管理者阅读"。③ 多少"纯学术性的研究的""科学"著作能得到如此高的赞美？有多少能卖出 1 000 多万册？

　　咨询师采用与他们的范式和预知相关的多种方式工作，他们能将不同背

---

① Lawler, 1985, p. 3.

② Taylor 和 Bogdan, 1984, p. 7。

③ Sadler, 1983, p. 109.

景的咨询师——实践者和研究者集合起来,围绕同一轴心工作。这种结合方式有很多种,最常见的结合是:

　　＊受过大学教育和具有实践经验的咨询师。他们经常在大公司工作,熟悉管理中特定的"成功的方法",出发点是他们从理论中和他们熟悉的工作环境中获取的价值观的综合。

　　＊获得大学学位刚从学校招募的咨询师。他们多数没有实践经验,比较容易融入特定文化,可塑性强,很容易接受某种运作模式,有些咨询企业认为这是他们的优势。

　　＊研究人员在研究结束后就变成了咨询师。他们要么做全职咨询,要么主要从事研究,业余做咨询。后一种情况通常是在大学任教,同时参与管理培训、公司室内研讨等。研究者通常受学术界流行的价值观的影响。

　　在一个早期的研究项目中①,我开发了一个咨询服务的构成要素及其评估模型,该模型可以广泛应用于咨询服务,而不仅仅在管理咨询领域。根据这一模型,咨询服务由8大要素构成(见图5.1),下面一一论述。

　　1. 咨询师提供的专家专业知识(specialist know-how)由他们的预知构成,包括一手预知和二手预知。他们的专门知识既包含从解释范式得到的方法,例如进行定性的访谈,也包含从实证范式得到的方法,例如定量成本分析。两种理论知识和技巧在实践中都是必须的。

　　2. 单个咨询师及其个性特征代表他们的素质部分。个性、热情、动机、社交技巧以及与客户的员工交往的能力将影响客户对服务的感知。

　　3. 其他资源和特征,例如通过该咨询师所在公司接近其他专家的机会,所在公司接近计算机程序或者地方官员的机会等。

　　4. 诊断、问题和目标形成构成咨询的最关键的环节:咨询中要解决合适的问题,设定恰当的目标。在此,咨询师为企业未来创造良好的条件和指导任务时要切中要害。

　　5. 执行任务的途径。表2.1列举了不同的角色,每一种角色对应一种方法。作变革代理人——组合运用角色和方法有助于企业在特定条件下作出相应变化,咨询师必须保持与客户员工的长时间密切合作。

　　6. 特定问题的解决方案。这可以看作针对具有短期或长期效果的活动的建议。第四章讲述的关于广告活动取消的例子就只具有短期效果;为实施新的管理理念而进行的组织变革就会具有长期效果。

---

① Gummesson,1977,pp. 136-50.

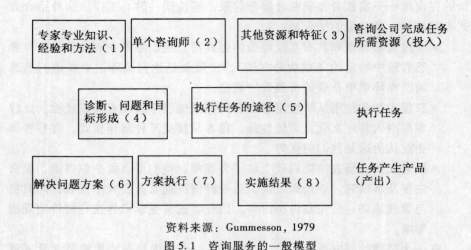

图 5.1　咨询服务的一般模型

7. 方案的实施。变革代理人至少在开始阶段应该能够参与实施过程，例如，为新的组织结构挑选执行官时。

8. 实施的结果指带来的变化，例如提高生产力，增强竞争优势等。结果可以通过成本、收入、投资等表现为各种赢利指标的变化来衡量。其他因素也可能对结果产生影响。因为变革代理人要与客户员工共同工作，不太可能客观评估变革代理人的实际贡献，它应被看作相互作用的产物。

咨询服务可能包含上述 8 大要素的不同组合，组合内的要素的数量代表咨询服务的幅度；也可以对要素组合的深度即每个要素的效率进行描述，8 大要素一起反映了咨询服务的质量。

客户可能主要关注最终结果，而对采用的方法不感兴趣，因此，要素 6、7 和 8 尤其重要。所以，变革代理人至少应参与实施阶段。

学术研究有时也包含上述要素，但罕有研究者参与方案的实施（要素 7）和对实施结果（要素 8）负责。实证研究中，当采用定量方法测量可靠性和有效性并严格遵守客观性时，作为个体的研究者（要素 2）一般被"中立化"。

在解释范式下，个体就是研究过程的要素。尽管咨询师喜欢谈论客观、公正和可信，咨询范式受到解释价值判断的影响。Geneen 说，你不可能将"事实"与其陈述者分离："书面事实和来自于人的事实不一样，事实陈述者的可信度与事实本身同样重要，记住事实本身不是事实，被人们认定为事实的东西总是与假设密不可分。"①

John Gardner②识别出了作家的关键个性特征：智慧、慷慨、同情心、决心、善于观察和理解周围世界的能力。同样，咨询师的个性成为咨询服务质量的一部分。在文献中，几乎人的所有好的特质都被认为是合格咨询师的要求，如以下公式③：

$$智力\ +\ 外表或超凡魅力\ =\ 成功$$

$$智力\ +\ 外表\ +超凡魅力\ =\ 超级巨星$$

咨询师扮演的社会角色是成功的重要因素。Duffy 在他的《糖灾》(Sugar Blues) 中举了一个生动的例子，某位叫 Wiley 的博士被委任为罗斯福（Rosevelt）总统的食品立法顾问，他建议在食品中禁止使用糖精，但他不熟悉当时的社会环境："Wiley 博士不是政治家，其余人全是；他不是总统的亲信。如果他经常和总统一起喝咖啡或茶，他就会知道他们的想法。他走进了一个圈套。" Wiley 博士不了解的情况是总统是潜在的糖尿病患者，医生建议使用糖精："Wiley 违背了总统私人医生的建议，犯了叛逆罪。"④

一个完全相反的情况发生在 Kosinski 的小说《在那儿》（Being There）中，某位社会隐士曾经受美国总统邀请与其非正式会晤，当被问及一个经济问题时，他不知如何回答，于是没有正面回答这一个问题，而用他熟悉的园艺搪塞："在花园中，植物生长有季节性，有春天和夏天，就有秋天和冬天，然后又是春天和夏天，只要根不被切断，一切都会好起来的。"总统非常高兴，"这是我这么长的时间以来听到的最乐观的话。"⑤

这些故事，一个实际的趣闻，一个纯粹的虚构，教给我们社交环境的重要性。在第一个故事中，Wiley 博士清楚谈话的内容，他的建议并没有错；第二个故事中，给总统的建议用比喻的方式表达，其实与经济问题毫无关联。

Block 认为有三种基本的咨询技能：技术技能、人际交往技能和询问技能。⑥ 作为这些技能的补充的还有责任感、情感、信任和对自身要求的意识

---

① Geneen, k1984, p. 211.

② J. Gardner, 1983, p. 9.

③ 据 Jim Kennedy, in Kelley, 1981, p. 17。

④ Dufty, 1976, pp. 170-71.

⑤ Kosinskj, 1983, p. 46.

⑥ Block, 1981, pp. 4-5, 11-14.

以及他们对咨询的影响等。Greiner 和 Metzger① 以及 Shay② 列举了更详细的个性要求，见表 5.3 和表 5.4。

　　我曾听到一个大型管理咨询公司的咨询师说，"只要我走进客户的企业，结果就会在盈亏表上显示出来。"这要么是咨询师刻意地吹牛，要么就是无知，因为咨询师所起的作用绝少能立即用简单的财务数字记录下来。Troffler 观点更加激进："没有哪家公司，更不用说像 AT&T 这样的大公司因为一个报告而改变。只有狂妄自大的咨询师才会相信吹嘘能再造大公司。"③

表 5.3　　　　　　　　　商业咨询师的个性特征与知识要求

诊断能力	沟通技巧
客观性	敏感的倾听能力
强烈的好奇心	超乎寻常的写作能力
概念和分析能力	口头表达能力
归纳推理能力	干预技巧
问题解决技能	个性特征
想像力	道德标准
勇气	同情和信任
讲授能力	积极的思维
	自我激励
知识	团队精神
	自我实现
学术研究成果中得出的管理理论	灵活机动
应用技能	精力充沛
	自我意识

　　通过聘用管理的例子可以很好地说明咨询师对企业的直接影响。某位咨询师如此描述咨询师的贡献：

---

① Geiner 和 Metzger，1983，pp. 29-35.
② Shay，1974，pp. 41-42.
③ Toffler，1985，p. 14.

　　　直到我作为"企业医生"的最后任务完成，从 1968 年开始，我已经为大约 15 家亏损企业咨询过。尽管半数企业经过结构审查后已经走出亏损，至少经历了三年的赢利，但是对这些变化做最后评估为时尚早。只有企业长时间的生存和发展才能证明假设的有效性，而三年时间是远远不够的。①

　　实业界有个笑话，把那种只给建议却不参与实施过程的咨询叫做"海鸥咨询模型"（seagull model of consulting）。②《财富》杂志将波士顿咨询集团（BCG）操作模式描述为："你们从 Boston 飞来，在客户头顶盘旋几圈，扔下一个战略，然后就飞回去了。"

表 5.4　　　　　　　　　　　商业咨询师的个性特征

1. 身心健康
2. 职业礼节礼貌
3. 行为和行动稳重
4. 自信
5. 个人效率（动力）
6. 正直（产生信任感的素质）
7. 独立
8. 良好的教育
9. 良好的判断（客观的判断能力）
10. 良好的分析解决问题的能力
11. 创造性的想像力
12. 人际交往技能
　　a. 以人为本
　　b. 乐意接受新信息和他人的观点
　　c. 赢得客户员工信任和尊重的能力
　　d. 谋求客户参与解决问题的能力
　　e. 向客户员工传达知识的能力

---

① af Trolle，1975，p. 1052.
② Kiechel，1983，p. 36.

  f. 应用原则和技巧应对变化的能力

13. 沟通和劝说能力（具备上述能力的前提下）

  a. 口头

  b. 书面

  c. 图解

14. 心理成熟

  从上述 AT & T 战略任务的案例中，Troffler 总结道："谈论变革总比实施变革容易，咨询容易管理难。撰写本报告时，我并没有忘记这些简单的真理。"①

  关于变革项目，有位作者②说，项目成功与否，不可能作简单、客观的评估，每一个评估都必须衡量该项目实施方案的诸多方面，如生产力提高、工作满足感增强、工作安全改善，或者评估者认为重要的其他因素。

  咨询质量的重要方面归纳如下（此处编号与图 5.1 中的要素序号对应）：

    执行任务的途径（5）或多或少会有效，专业知识（1）有限且缺乏其他资源（3）的咨询师提出解决方案可能会比一个杰出但个性（2）不好的专家（6）提出的方案还要好，如果他们都要与客户员工建立良好的合作关系的话。如果不能实施（7），方案就一文不值，因此解决方案必须在企业能力范围内，最复杂的方案未必能实施。最后，对方案实施的最终结果（8）的预测往往是客户购买咨询服务时权衡的重要因素。结果预测可行性较差（尽管也有例外），客户就会依靠评估或对任务要素的综合评价。在主观地权衡咨询服务的不同方面时，在咨询师与客户之间建立起来的信任关系将成为重要因素。咨询师与客户员工的互动是方案实施的最关键的一步。因此，结果的质量与客户的效率和合作密不可分。提高客户自身利用咨询服务的能力也会改善咨询质量。③

---

① Toffler, 1985, p. 171.

② Targama, 1981, p. 43 和 p. 50.

③ Gummesson, 1977, p. 150.

本 章 小 结

本章探讨了有关学术研究和咨询任务的质量标准和范式。

我关于质量的结论是，科学家以及咨询师必须瞄准顾客的感知质量。简单的说，就是对质量的两个纬度——学术维和社交维的综合感知。尽管两者之间孰重孰轻的比例可能会发生变化，但顾客细分市场——理论界或商业界或两者都将对它进行综合评价。这一结论可从对消费者和组织购买者评估产品和服务的研究中得到证实。

从讨论中我们可以看出，质量评估涉及诸多要求，质量标准发端于基本的价值观和程序——科学范式和咨询范式。因此，质量评估方法要求研究者或咨询师熟知自己的范式。范式具有主观性，通常不能清楚地用语言表达，且研究者或咨询师本身对它们也不甚明了。

为使探讨清楚明了，我曾试图比较实证范式和解释范式之间的区别，也曾列出了科学范式和咨询范式的内容。同时，我强调实证和解释范式都有变异而且这两种基本范式并非相互矛盾而是相互补充的。Sjoberg 如是说："不同的研究传统相互对立的观点并不能简单地形容为实证主义和解释学的冲突……"①

对于那些承认属于某种范式的研究人员，只能用胸怀宽阔来形容。在这方面，范式更像一个宗教派别，或政治党派，有些是正统基督派，而其他则更愿意共存。然而，如果过分忠实于某种范式以及该范式的应用，则更愿意将其他方法视为点缀物。我相信，作为研究者或咨询师，有必要熟悉多种范式并从中进行选择。

实证主义的代表们通常把自己标榜为科学的，总是忧心忡忡和轻蔑地看待那些属于解释学领域的人。Mario Bunge 是传统研究方法的忠实捍卫者，也是所谓的"科学吹牛家"的检举人。在《学术权利和义务宪章》（*Charter of Intellectual Academic Rights and Duties*）中，他列举了科学的 10 大"戒律"。② 意图是良好的，难道我们不都是渴望简单的原则能指引我们走上科学的正道吗？他的目的是要大家谨防混进科学队伍、披着科学外衣的"杂质"，"后现代的木马病毒"（trojan horse）已经成为最致命的敌人——内部

① Sjoberg, 1982.
② Bunge, 1996, pp. 110-11.

敌人。

　　他的戒律条条合理，但是它们如何实施呢？Bungee 的第 6 条戒律 "每个学者都有权利探讨他感兴趣的非正统的观点。只要这些观点明确，就可以作理性的探讨。"但问题立即就出现了，谁来决定什么是 "明确的"？什么是 "理性的"？这要看如何理解了。如果科学家道德沦丧、动机不良和智力低下的话，就没有具体可行的规则了。那么就只能依靠主观反映和同行对话，结果两者还是背离了 "观点明确，可以作理性的探讨"。这也正是 Bungee 所犯的错误，他并没有作理性的探讨。在他长达 15 页的原文中，罗列了100 多个例子，对不符合他设立的标准的研究或研究者横加指责，这些代表着神秘主义、自由主义、欺诈、愚昧、有勇无谋、缺乏理性、牵强附会、官样文章等。像哲学家 Herbert Marcuse 和 Michel Foucault，诺贝尔经济学奖获得 Gary Becker 和 Milton Friedman 统统可以被称为 "坏蛋"。（一个人能拿到 100 万美元的诺贝尔奖的事实最终并不能客观地证明这个人就是科学研究的楷模，尤其在这种难于把握的经济学领域，"获奖者" 的确定带有 "不可能性使命" 的特征，遴选委员会有自己的癖好、局限性和社会承诺，而且评选标准主要由评委主观选择）

　　解释范式的代表总有一种卑微感，尽管有时他们也想尽量地向实证范式靠拢，但是他们的肩头背负着不应有的错误负担。如果实证主义者自认为高人一等且更具普遍性，那他们必须对这种断言的可信性作出证明。根据我的经验，他们绝对不会运用他们自己的科学方法回答该问题。我曾了解到，有些人认为美国从消费品营销中发展起来的营销理论适用于全球所有类型的市场的营销。美国的教科书中好像是婉转地提出这种观点的，但是我认为这是他们潜意识的流露。服务营销研究热潮始于 20 世纪 70 年代中期，证明的负担落到了服务营销代表者的肩头。如果后者认为消费品营销不能适用于自己的领域，很难说服务营销代表有义务提供证据。相反，证明的负担应该由那些声称具有普遍适用性的学者们承担。① 同样的事情发生在 20 世纪 90 年代，有人预测了营销范式的变化，传统营销管理理论将被关系营销范式代替，新的理论的预测者遇到守旧者强有力的阻挡，他们想当然地认为发展现存理论足矣。②

　　如果有研究者或咨询师认为自己找到了最终的方法，我们完全有理由表示怀疑，现实中根本上就没有这样的方法。在变革过程的前后究竟会发生什

---

①　Gummesson，1979，p. 30.

②　Gummesson，1999.

么通常是难以预料的，个人、企业、政府以外的因素究竟能起什么样的作用也很难测量。欧盟内自由贸易、北美自由贸易协议（NAFTA）、香港回归中国、管制放松、强强联合、基因技术等现象带来的后果是什么？成功因此只能用定性的方法来表述。

根据 Andersson ① 的观点，人们不可能采取"瑞典式冷菜自助餐策略"（smorgasbord strategy），即不可能简单地从实证和解释传统中选取某一个。我知道有些研究者持该观念，但另外有些人似乎对二者兼收并蓄。还有人主张通过"相对程序"② 综合不同方法。按我的理解就是只要前提条件阐述清楚，方法运用得当，不同的观点能"前后"排列。

关于质量标准的研究报告吸收了实证和解释两种范式的精髓。数据搜集以及编码和分析方法包含两种范式的要素。研究者发现甚至在运筹学研究领域③——决策方案的定量分析领域，光有实证范式是不够的，特别对管理咨询师来说，经常会遭遇客户的强烈反对，尤其是当客户发现对问题的界定与现实不符，所用方案和术语晦涩难懂的时候。为此，目前对过程和"演员"素质的兴趣日趋浓厚。④ 也就是说，模型在社会环境中应用的非分析型能力更趋重要。

我将自己的观点归纳如下：解释范式对变革过程研究的影响更大，而在案例研究领域，也可以运用许多借助于数学、统计学和计算机处理的实证方法和技巧。例如，财务数据分析，建立在问卷基础上的顾客满意度调查，多变量之间的结构方程模型等。⑤ 绝对没有必要将定性方法与定量方法对立起来，事实上，这种对立无异于种族战争，其相互敌视的动机是非常浅薄的。

工商管理的学术性和科学方法都是不同范式的融合。运用正统的实证方法的研究报告最普遍，因为它们代表大学传授的传统知识。另一方面，因为学者们尚不熟悉，解释方法的严格运用非常罕见。行动导向的研究者应充分兼收并蓄地利用实证主义和解释学的知识。

---

① 　Andersson，1981，pp. 102-03.

② 　Arbnor 和 d Bjerke，1997，pp. 438-41。

③ 　Naert 和 Leeflang，1978，pp. 100-18，pp. 321-53；Larreche，1979，p. 185。

④ 　Gummesson，1982，pp. 11-12 和 29-35。

⑤ 　LISREL 报告参阅 Joreskoga 与 Sorbom（1995）开发的计算机程序。

第六章　行动科学的管理范式

本章将回答如下几个问题

* 将学术研究与管理咨询结合后能否改进决策、实施和变革的过程？
* 学术研究人员和管理咨询师是否拥有共同点？

上述问题的核心在于：

* 行动科学方法是否能够发挥作用？

本章将结合前面五章的讨论来回答最后一个问题。首先，将对前面章节中的观点进行简要的总结；然后针对学术研究人员／管理咨询师如何应用行动科学方法提出战略对策；最后对本书的创新点和研究基础进行评价。

管理行动科学家的角色

表 6.1 根据前面章节中的讨论列明了管理行动科学家的角色。表中一些概念是从前面章节的相关研究中提炼出来的，接下来将对其逐一进行述评。

表 6.1　　　　　　　**管理行动科学家的角色**

问题：

管理行动科学家的角色是什么？

回答：

管理行动科学家根据自己的范式和预知以及与现实世界的实证数据的接近，通过变革代理人的角色，针对自己亲自参与案例中的具体决策、实施和变革过程建立起一种熟知。他们从中建构某种特定的（本土化）的理论，并通过行动对其加以检验和修正。

学术研究人员角色和管理咨询师角色在某一个项目中或者几个项目之间的相互作用有助于管理行动科学家建构更加具有普遍意义的理论。这种理论反过来成为提高自身的理论敏感性以及社会环境中的行动能力的工具。但这种理论却不是最终的理论，还有待进一步的发展。

范式：科学范式和咨询范式分别会对学术研究人员和管理咨询师的工作产生根本的影响。

预知：本书第三章探讨了预知这一概念。预知融合了一手的个人经历和他人的经验，然后被转换为研究人员的第二手经验（参见图3.1）。我个人认为研究人员自己的亲身经历更为重要。虽然研究人员需要与他人就不同类型的知识进行交流，很少有研究人员能将预知建立在他们个人的经历基础之上。

接近：本书第二章讨论了接近问题。档案记录、问卷调查表、访谈和观察等传统的数据搜集模式对变革过程的接近十分肤浅。变革代理人的角色有助于提供更好的接近方式。

现实世界的实证数据：管理是一门应用科学（或者是艺术），离不开现实世界的实证数据。有关组织流程的理论主要是在现实世界的数据的基础上归纳出来的，当然也少不了对现有理论的逻辑推理的帮助。

具体决策、实施和变革过程中的熟知：熟知建立在先前获得的预知基础之上，是从研究人员积极参与的过程中获得的个人经历和通过研究对他人经验的接近中发展起来的（见图3.2）。研究人员可能会选择一个案例，也有可能选择几个案例。由于每个案例花费的时间都很多，要求管理行动科学家作出的承诺也比较高，因此选择多个案例研究变革过程的机会并不多。

理论的建构：研究的目的就是为了针对某个具体的和本土的变革过程提出理论。从广义上说，理论包括假设、概念、范畴、模型等。理论需要在行动中得到检验，理论也可以在行动中得到修正。也就是说，当研究人员参与变革过程的时候，对依据一定的理论采取的行动能否发挥作用（如利润率是否得到提高）进行干预和判断。

普遍性的理论：从长远的角度来看，研究人员有可能归纳出带有普遍性的理论。普遍性理论是建立在研究人员角色和咨询师角色在一系列的项目中的相互作用的基础之上的。行动科学家的研究也可以结合某个项目中的行动和思考来展开，并与其他研究项目产生互动。因此，从研究中得出的理论既有可能是本土化的具体理论（实质理论），也有可能是普遍性的理论（实质理论的一般性和正式理论）。这个过程有助于进一步提高研究人员的理论敏感性以及在新的环境中的行动能力。研究人员/咨询师不能强迫事实去适应理论，而是要能够不断接受现实世界的新数据并把理论当成如何修正行动的指针。理论没有最终的形式。在社会科学中，没有哪一个理论的生命周期能够持续很久。相反，要对理论不断地赋予更多更合理的新形式，要对现有理论不断地进行超越。①

　　在总结前面章节的研究内容的基础上，下一节将针对研究人员/咨询师如何应用行动科学方法提出若干战略性建议。

研究人员/咨询师战略

　　咨询工作和学术研究在很多方面的要求都很一致。咨询工作对咨询人员的个性要求很高，需要他们具有一定的判断能力、成熟稳重和灵活性，要求他们能够在规定的时间和经费范围内采取行动。由于咨询人员自身的范式、价值观和习惯不同，他们的个性和能力差别也很大。另外，这些差异也会受到客户的目标以及研究人员和咨询师的个人目标差异的影响。

　　如果对研究和咨询之间的要求存在分歧的话，怎么办？这有三种可能性：

* 变革代理人采用的方法得不到研究人员的认可。某种接近方式如果受到冷落的话，就限制了研究人员运用管理这门应用科学的机会。
* 变革代理人符合管理咨询师的要求。由于这些要求有助于改进接近信息的方式和提高对接近的重视程度，因此容易被学术界所接受。但由于过于简化，这种方式就存在着把"科学概念"剿灭的风险。
* 变革代理人既能够符合咨询师角色的要求，同时也要通过完成一些额外的工作尽量符合研究人员的要求。

　　上面三种可能性中，最后一种最有成效。学术研究人员参与管理咨询工作的情况越来越常见。咨询任务可以为研究提供机会，研究人员也可以在不同的研究项目中获得不同的实证数据搜集方法，这些方法在理论上和方法论上都有确切的表述。两种选择都具有可行性。

　　如果学术研究和管理咨询之间的要求发生冲突会有什么意义？本节将对那些可能引发冲突的要求进行讨论。运用行动科学范式就可以轻而易举地将这些冲突识别出来（下文中的序号采用第五章中关于质量标准的编号顺序）。

　　1. 项目报告要有利于客户自行得出结论。研究人员提交的成果报告要特别强调综合性，对研究项目的描述要条理清楚，要允许客户对报告的质量

---

　　① 实质理论、一般实质理论、正式理论、理论敏感性与超越等概念参阅 Glaser 和 Strauss，1967，以及 Glaser，1978。

进行评估。研究人员必须做好记录，以便"局外人"也能跟得上研究进展。变革代理人在从事咨询工作时，如果他们不需要对变革过程表示支持的话，他们就不必做记录。是否需要提供最终的或者书面的报告并没有明确的要求，可以通过非正式的讨论、备忘录和幻灯片的形式对研究进展进行汇报。客户如果能够与咨询人员保持连续的互动将有助于他们对项目的进展进行监控。

研究人员对变革项目的描述能否让读者完全领会？这种可能性有多大？我在第四章中曾对此提出过质疑。其中的原因在于他们的接近和预知不同。能否参与到变革过程中去并从中获得个人经历是能否建立起熟知的两个重要方面。默会知识由于无法用言语来表达，因此也不能通过书面形式进行交流。

研究人员提交的书面报告必须符合文件归档的要求，这种要求应该高于对咨询工作的要求。研究人员能否达到这个要求是他们作为变革代理人的一项基本能力。研究人员和咨询师可能会遇到两种角色的要求发生冲突的情况。比如，有时或许迫于时间上的压力，使得他们把全部精力放在了决策的执行上，这样就顾不上做记录了。当这种冲突出现时，保证事情顺利开展的咨询师角色就应该优先于研究人员的记录和解释角色。如果研究人员事后能将事情的进展补录下来的话，那么对研究人员的要求就可以部分得到满足了。

科学方式和方法的选择对于研究人员来说至关重要。如果客户没有指定购买某种具体的方法，如问卷调查或 ISO9000 证书的准备方案，咨询师在方式和方法的选择上就比研究人员享有更多的自主权。咨询师的主要任务就是找出那些能够带来结果的活动，而这些活动可以建立在个人经验和直觉的基础之上，一般来说，越简单越好，越直接越好，尽管这很难符合科学的标准。咨询任务的类型和规模一般都是事先确定好了的，但是咨询师也可以向客户了解问题的具体情况。咨询任务是否便于管理和富有意义应该完全根据客户的情况和目标来确定，原因在于咨询师的责任就是如何得出结论并提出具有可操作性的实施建议，而不能只是为了满足某个方法和理论的要求而随意改变对问题的分析并使项目被打上传统研究的戳记。

2. 研究者、咨询师及其客户如果熟悉工作中所需要的范式和预知的话，他们将会受益不浅。在咨询师接手某项咨询任务之前，客户需要对他们的能力进行评价。其中，咨询师的预知特别重要，如过去的经历、其他客户的评价以及包括价值观、态度和程序在内的范式等。为了减少不必要的冲突，咨询师还要熟悉客户的范式。我们的个人能力毕竟有限，有时难以明确地识别那些根深蒂固和想当然的价值观以及行为模式。因此，研究人员除了要非常熟悉自己的预知和范式以外，更需要与他人进行交流。

3. 研究人员和咨询师都必须具有高度的可信性。对咨询师的评判主要依据他们的表现，如看得见的结果或者可以感知到的信心。研究者的可信性由那些没有参与研究工作但是阅读过他们的研究报告的人们来评价。研究者/咨询师不能仅仅停留在从项目中获得的那些材料上面，他们撰写的报告应该有所突破。咨询人员得出的结论除了要与实证数据相结合以外，咨询人员还要能够用"以我个人的经验来看"和"我们在某某公司这样做过"等类似的语言来证实他们的结论。研究人员得出的结论必须更加翔实，而且应该与理论、实证数据和现有文献相联系。对他们的预知和范式的适当解释有利于增加用户对其报告的价值肯定。

咨询师选择的方法对于特定问题要具有针对性，而且要有利于促进变革的过程。除非客户对某种方法特别青睐，否则他们不会关心方法论的讨论问题。咨询师必须严格按照时间和经费要求开展工作，而研究工作却因为经常拖拖拉拉而臭名远扬。直觉和个人判断对于咨询师来说更为重要，因此咨询师得出结论的动机很难说清楚。变革代理人决不能在建议中闪烁其词，研究人员得出的结论也必须经得起推敲。因此，结论和建议应该被看作一个过程中的一个阶段，在这个过程中不能只是直截了当地提出结论和建议，还必须重视分析的过程。研究者在报告中要对存在的缺陷进行描述和评价。咨询师提出的建议或者采取的行动必须具有规范性，而学者/研究人员却常常想回避规范性。

4. 接近非常重要，对于咨询师来说更是如此。咨询师有很多机会去实践各种接近方式，但不必验证所选择的方法究竟是适合 A 还是适合 B。研究人员在很大程度上只能选择正规的接近方式，对他们的评价主要是看他们对某个"得到证实"的技术是否使用正确，而不是看接近的实际效果。

从科学的角度来看，咨询师采用的数据搜集方法十分脆弱。咨询师在选择获得结果的方式时，创造性、直觉、经验和胆量可能比正规的方法更为重要。研究人员可能尝试过多种研究方法，而不必非要得出有用的结果不可。对于学术研究人员来说，变革实施过程中的结果可能没有获得这些结果的手段重要。因此，咨询师更关心是否实用，学术研究人员则更加关心是否符合科学的形式。

5. 客户最感兴趣的问题是研究结果对他们是否有效，而不是这些结果是否具有普遍有效性。如果公司内部具有多个相似的案例，那么从其中某个案例中得出的结果在其他类似案例中还可得到应用。研究者的结果不能只盯着某一个客户的需要，而是要为更多的人着想。至于研究结果是否能够得到其他研究的支持，或者是否与文献中的某个理论和模型相关，公司才懒得搭理这些。但是，他们对于其他公司在干什么以及能够带来成功的方案有哪些的兴趣却像滚雪球似地迅速增大。公司再也不会像以前那样近视和狭隘。TQM带来的"标杆"理念就是要和最好的比，目标就是要做"同类中最好的"、"甚至是世界一流"的绩效。

　　6. 学术研究的目标是为科学作出贡献；咨询任务则是要为客户作出贡献。研究人员/咨询师需要从更大的范围内评价他们的结果是否具有价值。另外，研究人员除了要向当期的客户提交研究结果以外，还应该与其他研究人员一起分享自己的研究成果。但这种做法会与公司希望将咨询结果的秘密保守在公司内部的想法或者某些专利信息发生冲突。要想解决这类冲突，一是可以通过匿名的方式，另外还可以将实质现象和事件进行概念化，把他们提升到一个更具普遍性的层面。后一种方法就属于学术研究的理论归纳的最显著特征。从客户的角度来看，他们认为最重要的是问题调查清楚了没有。一个组织之所以花费大笔费用去聘请管理咨询——尽管研究人员/咨询师的费用只占很小的一部分，是因为这关系到组织的生死存亡问题。

　　7. 对研究过程和咨询工作采用动态性方法的要求越来越高。人们总在强调瞬息万变。大型组织内的组织变革在不断进行，精益生产、即时交付、新产品和服务市场适应期的缩短、全球竞争、过度竞争①、新的信息技术等变化导致决策速度加快、变革频率加快。这些变化要求研究人员和咨询师的灵活性更高、适应性更强。变革过程有时候可能面临某些急剧变化，比如工厂面临歇业或者被接管的危险，导致研究人员在变革过程中无法全面实施他们的计划。这类风险可能是由于科学要求具备完整的资料记录、严格按照原定的研究计划以及必须符合某些文献等因素引起的。动态性还有另外一层含义，特别是对于学者来说。学者必须能够随着他们的研究一起成长和发展；他们要敢于挑战现有的"真理"；他们不能只是做一些重复性的工作，他们要能够建构理论。

　　8. 咨询师和研究人员都必须具备良好的个人品质。表5.3和表5.4列出了咨询师必须具备的个人品质。这些品质并不只是强调知识方面的品质。实际上，与知识相关的那些品质并没有被放在最优先的位置，好奇心、干预技能、健康的体魄和自信心反而被认为是更重要的品质。并没有针对学术研

────────────────

　　① 过度竞争是快速与残酷战争的代名词，也可称为营销大战；置竞争对手于死地而后生，见D'Aveni，1994。

究人员列出一份个人品质的清单，似乎对他们就没有性格要求。根据实证科学范式的观点，研究人员是否受过良好的教育和具备一定的分析能力（理性思考的能力）特别重要。解释范式更加重视研究人员性格的完整性。"研究者本身就是研究工具。"实际上，适用于咨询师的个人品质同样适用于学术研究人员，只是每个品质的重要性有所不同罢了。

　　如果对研究人员和咨询师的要求存在差距的话，在以咨询师身份开展的研究中就会出现"忠诚冲突"（conflict of loyalties）。

　　* 如果一个研究人员重点关注是否符合研究者的角色要求并把咨询师的角色摆在次要的地位上时，他肯定是一名学术性的研究人员。在客户看来，这种研究人员属于水平较差的咨询师。

　　* 如果一名研究人员只关心能否符合咨询角色的要求的话，可能会与优秀的研究标准发生冲突。

　　* 一旦研究者角色与咨询师角色发生冲突，咨询师的角色应该被置于优先的位置。如果这种情况不会出现的话，变革过程就会更多地受到学术研究的影响。这种情况对客户和科学都不利。

　　上述研究战略主要是针对单个研究课题提出的。Sandberg & Gustavsen①针对整体研究项目提出的对策在第四章中已经有过讨论。包含多个研究课题和研究人员的整体研究项目有利于将学术研究人员和管理咨询师的角色结合起来。也就是说，研究者和咨询师两种角色之间的相互关系会在大型研究项目中经过较长时间并在多个研究成员之间建立起来。这就意味着大型项目中研究人员不一定要具备单个的研究课题中所必须具备的所有品质。研究人员可以把单个的研究课题看成冲向其他课题的一种跳板，不管后来的这些课题是由他们自己负责还是别人来做。

　　图 6.1 解释的是单个课题战略（single-project strategy），而图 6.2 说明的是整体项目战略（program strategy）。在当今社会，研究人员更应该选择那些具有长远目标并有很多同行参与的大型研究项目。个体研究户可能会变得与世隔绝和孤独寂寞，尤其是当他们需要从同行或者他人那里寻求知识上或者情感上的支持的时候。如果以整体项目的形式申报，获得经费支持的可能性就更大。同一个方向的研究如果组合在一起进行的话所产生的影响也要大得多。当然，也并不是说研究人员只能选择大型的研究项目。大项目的缺点可能是有些参与者性格不合群，或者形成自己独特的和创造性的研究风格的可能性要更小。研究小组成员搭配不合理还有可能导致对某个主流科学的

---

① Sandberg，1982，pp. 83-88 Gustavsen，1982.

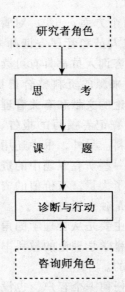

图 6.1 学术研究者和管理咨询师的角色：单个课题战略

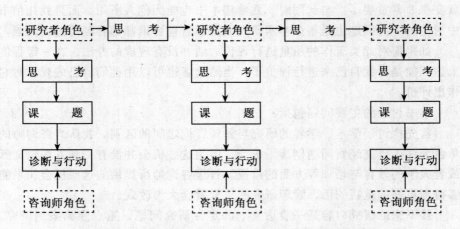

图 6.2 学术研究者和管理咨询师的角色：整体项目战略

依赖，或者受到某个团体追逐时髦和心血来潮的影响。

本书的贡献

本书的最后一个问题是：

＊ 这本书有些什么贡献？

本书的研究目的包括两个方面：（1）对管理研究的方法论作出贡献；（2）希望激发针对学术研究人员和管理咨询师采用的范式和方法的建设性讨论。希望本书对研究者和咨询人员都具有可读性。

我倾己所能试图将不同来源的资料整合得更好，以便本书能够自成一体。于是，我把有关科学理论的文献和有关管理咨询的文献整合在一起。在有些地方，我用到了新闻调查记者撰写的报告、执行经理和科学家的回忆录，还有一些纯粹的小说材料。另外，书中还用到了我个人的经验以及我先前对咨询服务和行动研究的一些研究课题中的资料。我还从自己曾经亲自参与过的一些咨询任务中引用了大量富有价值的资料。我相信，这种将不同类型的资料整合到一起的做法是独一无二的。

我对本书中的研究思想主要是从管理学的角度进行阐述的，也有一点与众不同。一般关于方法论和科学学理论的教科书都是从社会学、教育学、人类学或者心理学的角度出发的。

撰写本书时我没有依赖任何一个客户，也没有获得任何形式的资助，因此我能够有充分的自由按照我自己的个人喜好进行写作，那么学习的可能性就变得非常重要了。与此同时，我希望本书也能为他人所用，而且我相信书中讨论的一些问题也是很多学术研究人员和管理咨询师都曾经历过的问题。

如果要对此类著作的质量进行评价的话并没有现成的办法，在一定程度上这只能是由我自己来进行评价了，当然读者也可以用他们自己的观点对它作出评价。

本书讨论的主要问题包括：

首先探讨了学术、学者的研究与管理咨询之间的区别。我认为咨询师的角色为深入研究经营问题创造了机会，但是这些机会并没有受到方法论文献或者大学的教育与培训等方面的重视。管理咨询师所提供的这些机会如果能够得到更好的重视的话，管理研究的质量就会大为改观。

接下来的研究内容是一般意义上的定性研究问题，重点强调案例研究。原因很简单，管理咨询师承接的咨询任务主要是靠定性方法，也就是案例研究。

本书关注的问题是决策、实施和变革的过程。但是这种方法比较普遍，因为变革已经成为当今社会中所有组织的自然状态。

为了得出上述这些结论，本书重点考虑了如下一些问题：

第二章主要讨论了不同类型的咨询任务以及学术研究者和管理咨询师各自的角色和主要特征。我认为这种系统分析法本身还是非常有价值的，原因在于咨询师和研究人员难以从总体上考虑这些问题。尽管我曾经从事过多年的咨询工作，但是要对这些问题作出系统的分析并不是一件轻松的事情。在分析过程中我从相关文献中获得了许多帮助，但是大部分情况下我仍然以我个人的观察为主。

本书撇开了传统的数据搜集方法，重点研究了接近的需要和机会这类更为根本的方法，即如何接近现实。在此基础上，给出了变革代理人的定义。通过变革代理人的角色接近变革过程的机会比其他任何一种角色都要好。

第二章的引言部分阐述了研究人员和咨询师获得的接近是何等的肤浅，而且对其中的缺陷却浑然不知。研究人员通过中间媒介获得发展他们的预知和有关某些情况的专门的二手知识。多年以来，我越来越相信研究者/咨询师的个人经历在提高预知和接近水平方面可以发挥更大的作用。有必要指出，研究者/咨询师面临的最大困难并不是在理论、模型等知识方面有什么欠缺，而是缺乏社会环境和机构条件方面的熟知。

因此，我认为无论是接近还是预知都没有能够引起研究界的足够重视。所以我把他们列为研究人员面临的头号和第二大挑战。

如果只是为了深入了解变革过程的复杂性，选择少数几个案例进行研究就足够了。咨询师的工作就是与案例打交道，那是他们的任务。把案例研究用作研究方法已经越来越受到管理界的欢迎。案例研究方法的一个主要问题是可靠性以及从结果中归纳出一般性结论的问题。我认为案例研究方法的可靠性很高，而且从中归纳出带有普遍意义的结论也是可能的。另外一个更重要的问题是案例研究能否得出社会意义上的一般结论。如何建构一般性的理论的问题显得越来越重要，这些理论可以成为行动的指针，而且还需要不断地得到修正和更新。与此相近的是，在商业组织中得到广泛应用的 TQM 就把连续改进当作一种主要战略。要做到这一点，要求研究人员保持开放和包容的态度，尽量不要攀附权威或者迎合流行趋势。这样才可以使得理论成为本土化的理论而不只是一般性的理论。这种本土化的理论在某个特定环境下所发挥的作用要比普遍或者相似的环境下所发挥的作用都要大。

案例研究中所用的历史分析法和未来研究法也是本书讨论的重点。大多数研究人员对历史分析法持赞成的态度，而且就如何运用这种方法提出了不少普遍性的建议。但是我对这些观点表示怀疑，因为从我个人的经历中得知，过分强调过去就有可能妨碍我们如何面对新的环境采取行动。因此，我更愿意采取一种战略，就是去"抓住今天"，原因在于很多情况下我们并不知道自己身在何处。由于变化总是间断性的和跳跃性的，加上不确定性因素太多，因此明天究竟如何也并不明显。要不我们可以看看人们是如何谈论计算机和通讯设备的未来的，将 5 年甚至 3 年前的和现在的实际情况比较一下就知道了。重点应该是把握现在和未来，而不是过去。尽管如此，我自己也经常受到历史文献的影响，而且我也发现历史方法确实有利于我们更好地了解公司的文化。但是，历史分析这种工具还是变得有些愚钝了，我们需要更加切合实际的方法。

禁忌和匿名问题与案例研究密切相关。这些问题经常被掩盖。不管是研究者还是咨询人员在接近一些敏感问题时都变得胆小怕事了，因此宁愿选择传统的解释办法。

我对这些问题的结论是，无论研究者还是咨询师对有效性、一般性理论的建构、历史分析法的价值以及禁忌的存在都不够重视。

本书也试图对质量概念以及咨询和科学研究的质量标准进行了综述，这是研究人员面临的第三大挑战。我认为，对研究人员和咨询师的工作进行评价十分困难。在很大程度上，这些都属于主观感知质量。这种评价没有一定的经验是无法完成的。

范式是某种基本的价值观和程序，它揭示了研究人员和咨询师的行为，也可用于评估他们的工作。我在本书中用到了科学范式和咨询范式两个概念。这两个概念都与实证范式和解释范式相关。我在本书中力图把实证范式和解释范式的区别解释得更清楚一些，同时也讨论了这些范式是如何对研究人员和咨询人员提供指导的。研究人员往往很难对自己的范式以及这些范式对自己工作的影响进行准确分析。那些没什么研究经历的管理咨询师并不清楚自己的范式是什么，这无疑是一大缺陷。

行动科学的管理范式是一种复合体，包括研究者/咨询师在变革过程中所采用的战略。运用行动科学的观念可以将研究和咨询很好地结合起来。这种观念是本书第二版重点讨论的内容。学术研究人员和管理咨询人员所面临的要求区别比较大，两者之间存在着不少冲突，由此为行动科学带来了不少困难。本书的一大贡献在于将一般意义上的和社会范畴内的行动科学拓展到了管理科学领域，提出了行动科学的管理范式。另外还将这个概念拓展到了有条件的实时行动科学和回顾性行动科学。

关键的问题不是严格采用实证范式还是解释范式，而是要把研究和咨询的要求融合到行动科学之中。这种融合既可以通过单个课题战略实现，也可以通过整体项目战略来实现。管理行动科学范式与社会行动科学范式关注的焦点不同。行动科学的管理范式关注的不是弱势群体而是如何使管理成功的问题，尽管两者之间有时候会出现交叉。

总之，本书试图在方法论和科学方法上为管理的不同学科作出一些贡献。本书的上一版提出需要对商学院所用的方法论进行辨析。因此，在第一章中我援引了一句学生的抱怨："我的教授对我都不理解，我又能怎么办呢？"这句话同样可以延伸到那些功成名就的研究人员和教师身上，因为他们也离不开同行磋商和同行评议。要打破这些学术小圈子中当权派的游戏规则可能会对他们的职业带来致命的打击。导致这些问题的一个根本原因在于对定性方法论和案例研究法所提供的机会缺乏了解。我希望本书能够有利于进一步拓宽管理研究的视野，有利于促使学术研究人员和管理咨询师作出更大的贡献。

参 考 文 献

Abingdale, Frank W. (with Stan Redding). 1982. *Catch Me if You Can.* New York: Pocket Books.

Agar, Michael J. 1980. *The Professional Stranger.* New York: Academic Press.

Alkin, Marvin, Richard Daillak, and Peter White. 1979. *Using Evaluations: Does Evaluation Make a Difference?* Beverly Hills, CA: Sage.

Alloway, Robert M. 1977. *Research and Thesis Writing Using Comparative Cases.* Stockholm: Institute of International Business.

Alter, Jonathan. 1986. "Skipping through the News." *Newsweek*, Pacific Edition, June 9.

Alvesson, Mats, and Yvonne Due Billing. 1997. *Understanding Gender and Organization.* London: Sage.

Andersson, Sten. 1981. *Positivism kontra hermeneutik.* Uddevalla, Sweden: Korpen.

Araskog, Rand V. 1989. *The ITT Wars.* New York: Henry Holt.

Arbnor, Ingeman, and Lars Andersson. 1977. *Att förstå sociala system.* Lund, Sweden: Studentlitteratur.

Arbnor, Ingeman, and Björn Bjerke. 1997. *Methodology for Creating Business Knowledge.* London: Sage.

Arbnor, Ingeman, Sven-Erik Borglund, and Thomas Liljedahl. 1981. *Osynligt ockuperad.* Kristianstad, Sweden: Liber.

Archer, Jeffrey. 1984. *First among Equals.* New York: Pocket Books.

Åredal, Åke. 1986. "Procrustes: A Modern Management Pattern Found in a Classical Myth." *Journal of Management* 12(3):403-14.

Argyris, Chris. 1970. *Intervention Theory and Method.* Reading, MA: Addison-Wesley.

———. 1985. *Strategy, Change and Defensive Routines.* Marshfield, MA: Pitman.

———. 1990. *Overcoming Organizational Defenses.* Boston: Allyn & Bacon.

Argyris, Chris, Robert Putnam, and Diana McLain Smith. 1985. *Action Science*. San Francisco: Jossey-Bass.

Argyris, Chris, and Donald Schon. 1974. *Theory in Practice: Increasing Professional Effectiveness*. San Francisco: Jossey-Bass.

——. 1978. *Organizational Learning: A Theory of Action Perspective*. Reading, MA: Addison-Wesley.

Arndt, Johan. 1985. "On Making Marketing Science More Scientific: Role of Orientations, Paradigms, Metaphors, and Puzzle Solving." *Journal of Marketing* 43 (Summer) :2011-23.

Asplund, Gisele, and Göran Asplund. 1982. *An Integrated Development Strategy*. London: Wiley.

Asplund, Johan. 1970. *Om undran infor samhallet*. Kalmar, Sweden: Argus.

Bärmark, Jan. 1984. "Vetenskapens subjektiva sida." In *Forskning om forskning*, edited by Jan Bärmark. Lund, Sweden: Natur och Kultur.

Barnes, J. A. 1977. *The Ethics of Inquiry in Social Science*. New Delhi: Oxford University Press.

Batra, Ravi. [1978] 1990. *The Downfall of Capitalism & Communism: Can Capitalism Be Saved?* Dallas, TX: Venue.

Beckhard, Richard. 1969. *Organization Development: Strategies and Models*. Reading, MA: Addison-Wesley.

Beer, Michael. 1980. *Organization Change and Development: A System View*. Glenview, IL: Scott, Foresman.

Behrman, Jack N. , and Richard I. Levin. 1984. "Are Business Schools Doing Their Job?" *Harvard Business Review* January-February: 140-47.

Bendrik, Sören. 1978. "Hårt vinklade foretagsstudier: Ny form av foretagsekonomisk 'forskning. ' " *Arbetsgivaren* 40.

Bergström, Sören, and Sten Söderman. 1982. *Något om att identifisera och organisera kunskapsutveckling: Fallet forskare och konsulter som intellektuella praktiker*. Research Report R: 5. Stockholm: University of Stockholm, Department of Business Administration.

Bergstrom, Villy. 1984. "Pamfletter och plattheter." *Dagens industri*, May 4.

Bernard, Andre (ed.). 1991. *Rotten Rejections: A Literary, Companion*. New York: Viking Penguin.

Bernard, Russell H. 1995. *Research Methods in Anthropology*. Walnut Creek,

CA: AltaMira.

Bernstein, Carl, and Robert Woodward. 1974. *All the President's Men*. New York: Simon & Schuster.

Biddle Barrows, Sydney (with William Novak). 1986. *Mayflower Madam*. London: Macdonald.

Bitner, Mary J., Jody D. Nyquist, and Bernard H. Booms. 1985. "The Critical Incident as a Technique for Analyzing the Service Encounter." In *Services Marketing in a Changing Environment*, edited by Thomas M. Block, Gregory D. Upah, and Valerie A. Zeithaml. Chicago: American Marketing Association.

Björklund, Ulf, and Ulf Hannerz. 1983. *Nyckelbegrepp i socialantropologin*. Stockholm: University of Stockholm, Socialantropologiska Institutionen.

Blanchard, Kenneth, and Spencer Johnson. 1984. *The One Minute Manager*. New York: Berkley.

Block, Peter. 1981. *Flawless Consulting*. Austin, TX: Learning Concepts.

Bohm, David. 1977. "Science as Perception – Communication." In *The Structure of Scientific Theories*, edited by F. Suppe. Urbana: University of Illinois Press.

——1980. *Wholeness and the Implicate Order*. London: Routledge & Kegan Paul.

Bolch, Judith, and Kay Miller. 1978. *Investigative and In-Depth Reporting*. New York: Hastings House.

de Bono, Edward. 1971. *The Use of Lateral Thinking*. London: Penguin.

Bonoma, Thomas V. 1985a. "Case Research in Marketing: Opportunities, Problems, and a Process." *Journal of Marketing Research* 22 (May):199-208.

——. 1985b. *The Marketing Edge*. New York: Free Press.

Braben, Donald. 1987. "Research: Don't Stifle the Heretics Pleads Dr. Donald Braben." *The Strategic Planning Society News* February.

Broad, William, and Nicholas Wade. 1982. *Betrayers of the Truth*. Oxford, UK: Oxford University Press.

Brown, C., P. Guillet de Monthoux, and A. McCullough. 1976. *The Access Casebook*. Stockholm: Teknisk Högskolelitteratur (THS).

Brunsson, Nils. 1982. *Företagsekonomi: Sanning eller moral?* Lund, Sweden: Stu dentlitteratur.

Bunge, Mario. 1996. "In Praise of Intolerance to Charlatanism in Academia." In *The Flight from Science and Reason*, edited by Paul R. Gross, Norman Levitt, and Martin W. Lewis, 98-115. New York: New York Academy of Sciences/

Johns Hopkins University Press.

Burrell, Gibson. 1984. "Sex and Organization Analysis." *Organization Studies* No. 205/2.

Burrell, Gibson, and Gareth Morgan. 1985. *Sociological Paradigms and Organizational Analysis.* Aldershot, UK: Gower.

Buzzell, Robert D., and Bradley T. Gale. 1987. *The PIMS Principles.* New York: Free Press.

Calder, Bobby J. 1977. "Focus Group and the Nature of Qualitative Marketing Research." *Journal of Marketing Research* 14:353-64.

Capra, Frijof. 1982. *The Turning Point.* London: Wildwood House.

——. 1984. *The Tao of Physics.* Toronto: Bantam.

——. 1988. *Uncommon Wisdom.* New York: Simon & Schuster.

——. 1997. *The Web of Life.* London: Flamingo/HarperCollins.

Carlson, Sune. 1983. *Studier utah slut.* Stockholm: SNS.

Carlzon, Jan. 1987. *Moments of Truth.* Cambridge, MA: Ballinger.

Clark, Peter A. 1972. *Action Research and Organizational Change.* London: Harper & Row.

Coffey, Amanda, and Paul Atkinson. 1996. *Making Sense of Qualitative Data.* Thousand Oaks, CA: Sage.

Coghlan, David, and J. McDonagh. 1997. "Doing Action Research in Your Own Organization." In *Business Research Methods: Strategies, Techniques and Sources,* edited by David Coghlan and Teresa Brannick, 139-61. Dublin: Oak Tree Press.

Cohen, D., J. G. March, and J. P. Olsen. 1972. "A Garbage Can Model of Organizational Choice." *Administrative Science Quarterly* 17:1-25.

Cravens, David. 1998. "Implementation Strategies in the Market – Driven Strategy Era." *Journal of the Academy of Marketing Science* 26(3):237-41.

Crews, Frederick et al. 1997. *The Memory Wars: Freud's Legacy, in Dispute.* London: Granta.

Crosby, Philip B. 1979. *Quality Is Free.* New York: McGraw-Hill.

——. 1984. *Quality without Tears.* New York: Plume.

Crossen, Cynthia. 1994. *Tainted Truth: The Manipulation of Fact in America.* New York: Simon & Schuster.

Danielsson, Albert. 1977. *Företagsekonomi: En översikt.* Lund, Sweden: Student litteratur.

D'Aveni, Richard A. 1994. *Hypercompetition*. New York: Free Press.

Davies, Paul. 1984. *Andra världar*. Stockholm: Akademilitteratur.

——. 1987. *The Cosmic Blueprint*. London: Heinemann.

Deal, Terence E., and Allan A. Kennedy. 1983. *Foretagskultur*, Stockholm: Timo.

Dichter, Ernest. 1979. *Getting Motivated by Ernest Dichter*. Elmsford, NY: Pergamon.

Downie, Leonard, Jr. 1978. *The New Muckrakers*. New York: New American Library.

Doyle, Arthur Conan. [1891] 1985a. "The Blue Carbuncle." In *Sherlock Holmes: Selected Stories*. London: Chancellor.

——. [1891] 1985b. "A Scandal in Bohemia." In *Sherlock Holmes: Selected Stories*. London: Chancellor.

——. [1892] 1985c. "Silver Blaze." In *Sherlock Holmes: Selected Stories*. London: Chancellor.

——. [1915] 1960. *The Vallcy of Fear*. London: John Murray.

Drucker, Peter. 1955. *The Practice of Management*. London: Heinemann.

——. 1987. *The Frontiers of Management*. London: Heinemann.

——. 1989. *The New Realities*. London: Heinemann.

Dufty, William. 1976. *Sugar Blues*. New York: Warner.

Dunn, Robert, and Richard Ullman. 1982. *Quality Assurance for Computer Software*. New York: McGraw-Hill.

Easterby-Smith, Mark, Richard Thorpe, and Andy Low. 1991. *Management Research: An Introduction*. London, Sage.

Eberwein, Willhelm, and Tholen, Jochen. 1997. *Market or Mafia*. Aldershot, UK: Ashgate.

Edström, A., R.-A. Larsson, B. Sandberg, and H. Wirdenius. 1984, February. *Förnyelse av ledningsfilosofi, ledarskap och organisation*. Working Paper. Stockholm: F Aradet.

Edvinsson, Leif, and Michael S. Malone. 1997. *Intellectual Capital*. New York: Harper Collins.

Eisenhardt, K. 1989. "Building Theories from Case Study Research." *Academy of Management Review*, 14(4):532-50.

Elden, Max, and Rupert E Chisholm. 1993. "Emerging Varieties and Action Research: Introduction to the Special Issue." *Human Relations*, 46(2):121-42.

El-Sayed, Refaat, and Carl Hamilton. 1989. *Refaat El-Sayeds memoarer: Makten och ärligheten*. Stockholm: Norstedts.

Elson, John. 1990. "Sorting through the Runes." *Time*, April 23.

Elton, G. R. [1967] 1989. *The Practice of History*. London: Fontana.

Encyclopedia Britannica. 1965. Chicago: William Benton.

Ernst, Bruno. 1992. *The Eye Beguiled*. Cologne, Germany: Benedikt Taschen Verlag.

Evans-Pritchard, E. E. 1937. *Witchcraft, Oracles and Magic among the Azende*. New York: Oxford University Press.

Falcone, Giovanni, and Marcelle Padovani. 1991. *Cosa Nostra: Domarens kamp mot maffian*. Stockholm: Forum.

Feldt, Kjell-Olof. 1991. *Alla dessa dagar*. Stockholm: Norstedts.

Feyerabend, Paul. [1975] 1980. *Against Method*. London: Verso.

Fiorentini, Gianluca, and Sam Peltzman, eds. 1995. *The Economics of Organized Crime*. Cambridge, UK: Cambridge University Press.

Fleck, Ludwik. [1935] 1979. *Genesis and Development of a Scientific Fact*. Chicago: University of Chicago Press.

"Focus on Participatory Research." 1988. *Convergence* 21(2-3).

Fordyce, Jack K., and R. Weil. 1971. *Managing with People*. Reading, MA: Addison-Wesley.

Forrester, John. 1997. *Dispatches from the Freud Wars*. Boston, MA: Harvard University Press.

French, Wendell L., and Cecil H. Bell, Jr. 1978. *Organization Development*. Englewood Cliffs, NJ: Prentice Hall.

French, Wendell L., Cecil H. Bell, Jr., and Robert A. Zawacki. 1978. *Organization Development: Theory, Practice and Research*. Dallas, TX: Business Publications.

Frenckner, Paulsson. 1981. *Motiverat vägval vid avhandlingar i företagsekonomi*. Working Paper. Stockholm: University of Stockholm, Department of Business Administration.

Fukuyama, Francis. 1995. *Trust*. New York: Free Press.

Gardner, John. 1983. *The Art of Fiction*. New York: Random House.

Gardner, Martin. 1983. Science: *Good, Bad and Bogus*. Oxford, UK: Oxford University Press.

Garthon, Per. 1983. *Riksdagen innifrån*. Stockholm: Prisma.

Garvin, David A. 1988. *Managing Quality*. New York: Free Press.

Gates, Bill. 1995. *The Road Ahead*. New York: Viking.

Geneen, Harold S. (with Alvin Moscow). 1984. *Managing*. Worcester, UK: Granada.

Glaser, Barney G. 1978. *Theoretical Sensitivity*. Mill Valley, CA: Sociology Press.

——. 1992. *Basics of Grounded Theory Analysis*. Mill Valley, CA: Sociology Press.

——. 1995. *Grounded Theory*: 1984-1994 (Volume 2). Mill Valley, CA: Sociology Press.

Glaser, Barney G., and Anselm L. Strauss. 1967. *The Discovery of Grounded Theory*. New York: Aldine.

Goldman, Marshall I. 1988. "Gorbachev, Turnaround CEO." *Harvard Business Review* May-June:107-13.

Granholm, Arne. 1975. "Kommissarie Maigret: En av skönlitteraturens mest systematiska skildringar av en utredares vardag." *Jury* 1.

——. 1987. "Sherlock Holmes: Konsulten och foretagaren." *Jury* 2.

Greenbaum, Thomas L. 1998. *The Handbook for Focus Group Research*. Thousand Oaks, CA: Sage.

Greene, Graham. 1984. *Getting to Know the General*. New York: Washington Square.

Greiner, Larry E., and Robert O. Metzger. 1983. *Consulting to Management*. Englewood Cliffs, NJ: Prentice Hall.

Grönroos, Christian. 1990. *Service Management and Marketing*. Lexington, MA: Lexington Books.

Guillet de Monthoux, Pierre. 1978. *Handling och existens: Anarkoexistensiell analys av projekt, företag och organisation*. Stockholm: Liber.

Gummesson, Evert. 1977. *Marknadsföring och inköp av, konsulttjänster*. Stockholm: University of Stockholm / Marketing Technology Center (MTC) / Akademilitteratur.

——. 1978. "Toward a Theory of Professional Service Marketing." *Industrial Marketing Management* 7(2):89-95.

——. 1979. "The Marketing of Professional Service: An Organizational Dilemma." *European Journal of Marketing* 13(5).

——. 1982. *Att anvanda företags-och marknadsstrategiska beslutsmodeller.* Stockholm: Marketing Technology, Center (MTC).

——. 1987. *Quality: The Ericsson Approach.* Stockholm: Ericsson.

——. 1990. *Yuppiesnusk eller ledarskapets fornyelse.* Stockholm: SNS.

——. 1991. "Service Quality: A Holistic View." In *Service Quality: Multidisciplinary and Multinational Perspectives*, edited by Stephen Brown et al. Lexington, MA: Lexington/Macmillan.

——. 1993. *Quality Management in Service Organizations.* New York: St. John's University and the International Service Quality Association.

——. 1998. "Implementation Requires a Relationship Marketing Paradigm." *Journal of the Academy of Marketing Science* 26(3):242-49.

——. 1999. *Total Relationship Marketing.* Oxford, UK: Butterworth-Heinemann.

Gustafsson, Lars. 1977. *Den lilla världen.* Stockholm: Alba.

Gustavsen, Björn. 1982. "Utviklingstrekk och problemstillinger i den handlingsrettede arbetslivsforskning i de nordiske lande." *Sociologisk Forskning* 2-3.

Gustavsen, Björn, and Øyvind Palshaugen. 1984. "Knowledge and Action Research in Social Research." Unpublished paper. Oslo: Arbeidsforskningsinstituttene.

Gustavsen, Björn, and Bjørg Aase Sorensen. 1982. "Aksjonsforskning." In *Kvalitativa metoder i samfunnsforskning*, edited by Harriet Holter and Ragnvald Kalleberg. Drammen, Norway: Universitetsforlaget.

Gustavsson, Bengt. 1992. *The Transcendent Organization.* Stockholm: Stockholm University.

Habermas, Jurgen. [1968] 1987. *Knowledge and Human Interest.* Cambridge, UK: Polity.

Hägg, Ingemund. 1982. "Validering och generalisering—problem i företagsekonomisk forskning." In *Företagsekonomi: Sanning eller moral?* edited by Nils Brunsson. Lund, Sweden: Studentlitteratur.

Hagg, Ingemund, and Gunnar Hedlund. 1978. *Case Studies in Social Science*

Research. Working Paper No. 2078 – 16. Brussels: European Institute for
Advanced Studies in Management.

Hailey, Arthur. 1965. *Hotel.* London: Pan.

———. 1968. *Airport.* London: Pan.

———. 1984. *Strong Medicine.* London: Pan.

Hall, Edward T. [1959] 1973. *The Silent Language.* Garden City, NY:
Anchor/ Doubleday.

Hall, Edward T. , and Mildred Reed Hall. 1977. "The Sounds of Silence." In
Conformity and Conflict, edited by J. P. Spardley and D. W. McCurdy.
Boston, MA: Little, Brown.

Hansson, Sven Ove. 1983. *Vetenskap och ovetenskap.* Kristianstad, Sweden:
Tiden.

———. 1984. "Bekrfätar fysiken mystiken?" *Forskning och Framsteg* 5.

Helenius, Ralf. 1990. *Första och bättre veta.* Stockholm: Carlssons.

Henderson, Bruce D. 1984/85. "Credo." *Journal of Management Consulting* 2
(1):11- 14.

Heran, Jeff, Deborah I. Sheppard, Peta Tancred-Sheriff, and Gibson Burrell,
eds. 1989. *The Sexuality of Organization.* Newbury Park, CA: Sage.

Hesslow, Germund. 1979. *Medicinsk veterskapsteori.* Lund, Sweden:
Studentlitteratur.

Hildebrandt, Steen. 1980. "The Changing Role of the Analyst in Effective
Implementation of Operations Research and Management Science." *European
Journal of Operational Research* 5:359-65.

Hofstede, Geert. 1980. *Culture's Consequences.* Beverly Hills, CA: Sage.

Holberg, Ludvig. [1723] 1914. "Erasmus Montanus." In *Comedies by Holberg.*
New York: American-Scandinavian Foundation.

Holm-Lofgren, Barbro. 1980. *Ansvar, avund och arbetsglädje.* Stockholm: Askild
& Karnekull.

Holmquist, Carin, Roll A. Lundin, and Elisabeth Sundin. 1984. *Forhandla mer,
räkna mindre.* Stockholm: Liber.

Howard, Philip. 1994. *The Death of Common Sense: How Law Is Suffocating
America.* New York: Random House.

Howard, Roy J. 1982. *Three Faces of Hermeneutics.* Berkeley: University of
California Press.

Hult, Margareta, and Sven-Ake Lennung. 1978a. "Aktionsforskning—vadär det?" *Ehrvervsokonomisk Tidskrift* 42.

——. 1978b. "What Is Action Research?" *Pedagogical Bulletin*. University of Lund, No. 205.

Hunt, Shelby B. 1983. *Marketing Theory: The Philosophy of Marketing Science.* Homewood, IL: Irwin.

Hygstedt, Bjorn. 1990. "Han graver fram de obehagliga svaren." *Svenska Dagbladet*, June 10.

Iacocca, Lee (with William Novak). 1984. *Iacocca: An Autobiography.* New York: Bantam.

Imai, Masaaki. 1986. *Kaizen.* New York: McGraw-Hill.

Ingvar, David H. 1984. "Ledarskap och neurobiologi." *Skandinaviska Enskilda Bankens Kvartalsskrifi* 3:72-78.

——. 1985. "Memory of the Future: An Essay on the Temporal Organization of Conscious Awareness." *Human Neurobiology* 4:127-36.

Ingvar, David H., and C. G. Sandberg. 1985. *Det medvetna företaget.* Stockholm: Timbro.

Ishikawa, Kaoru. 1985. *What Is Total Quality Control? The Japanese Way.* Englewood Cliffs, NJ: Prentice Hall.

ISO 9000. 1997. *International Standards for Quality Management.* Geneva: International Standards Organization.

Issal, Raimo. 1984. Överleva med bidrag. Malmö, Sweden: Acta Wexionensia.

Jackson, Philip W. 1968. *Life in the Classroom.* New York: Holt, Rinehart & Winston.

Jeffmar, Marianne. 1984. "Konsulten: En analytiker." *Svenska Dagbladet*, October 26.

Jevons, Marshall. 1986. *The Fatal Equilibrium.* New York: Ballantine.

Jick, Todd D. 1983. "Mixing Qualitative and Quantitative Methods: Triangulation in Action." *In Qualitative Methodology*, edited by John Van Maanen. Beverly Hills, CA: Sage.

Johannisson, Bengt. 1980. *Den organisatoriska smältdegeln.* Stockholm: Liber.

Johnsen, Erik, ed. 1980. *Konsulentrollen.* Copenhagen: Civilokonomernes Forlag.

Johnson, Paul. 1987. "The Heartless Lovers of Humankind." *Wall Street*

Journal, January 9.

——. 1989. *Intellectuals*. New York: Harper & Row.

Jöreskog, K. G., and D. Sörbom. 1995. *LISREL* (computer program). Chicago, IL: Scientific Software International.

Juran, J. M. 1982. *Upper Management and Quality*. New York: Juran Institute.

Kaldor, N. 1960a. *Essays on Economic Stability and Growth*. London: Duckworth.

——. 1960b. *Essays on Value and Distribution*. London: Duckworth.

Kalleberg, Ragnvald. 1972. " Eh introduktion till Frankfurtskolans vetenskapsteori. " In *Positivism, marxism och kritisk teori*, edited by I. Johansson, R. Kalleberg, and S. -E. Liedman. Stockholm: Pan/Norstedts.

Kanter, Rosabeth Moss. 1983. *The Change Masters*. New York: Simon & Schuster.

Kantrow, Alan E., ed. 1986. "Why History Matters to Managers. " *Harvard Business Review* January-February:81-88.

Kaplan, Robert S., and David P. Norton. 1996. *The Balanced Scorecard*. Boston, MA: Harvard Business School Press.

Kapstein, Jonathan. 1987. " Scandal in Sweden: How the Fermenta Dream Turned Sour. " *Business Week*, May 18, pp. 30-34.

Kelley, Robert E. 1981. *Consulting*. New York: Scribner.

——. 1985. *The Gold Collar Worker*. Reading, MA: Addison-Wesley.

Kerlinger, Fred N. 1976. *Foundations of Behavioral Research*. London: Holt, Rhinehart & Winston.

Kidder, Tracy J. 1981. *The Soul of a New Machine*. Boston, MA: Little, Brown.

Kiechel, Walter, III. 1983. " Corporate Strategists under Fire. " *Fortune*, December 27, pp. 34-39.

Kihlmann, Ralph H., M. J. Saxton, and P. Serpa, eds. 1985. *Gaining Control of Corporate Culture*. San Francisco: Jossey-Bass.

Kirk, Jerome, and Marc L. Miller. 1986. *Reliability and Validity in Qualitative Research*. Beverly Hills, CA: Sage.

Kjellen, Bengt, and Sten Söderman. 1980. *Praktikfallsmetodik*. Malmo, Sweden: SIAR/Liber.

Kolb, David, and Alan L. Frohman. 1970. " An Organization Development Approach to Consulting. " *Sloan Management Review* Fall.

Koopmans, Tjalling C. 1947. "Measurement without Theory." *Review of Economic Statistics* 29(3):161-72.

Kory, Robert B. 1976. *The Transcendental Meditation Program for Business People*. New York: American Management Association.

Kosinski, Jerzy. 1983. *Being There*. London: Black Swan.

Kotter, John P. 1978. *Organizational Dynamics: Diagnosis and Intervention*. Reading, MA: Addison-Wesley.

Krueger, Richard A. 1994. *Focus Groups: A Practical Guide for Applied Research*. Thousand Oaks, CA: Sage.

Kubr, M. , ed. 1983. *Management Consulting*. Geneva, Switzerland: International Labour Office.

Kuhn, Thomas S. 1962. *The Structure of Scientific Revolutions*. Chicago: University of Chicago Press.

——. 1970. *The Structure of Scientific Revolutions*. 2d ed. Chicago: University of Chicago Press.

——. 1979. "Foreword." In *Genesis and Development of a Scientific Fact*, edited by Ludwik Fleck. Chicago: University of Chicago Press, pp. vii-xi.

Kulka, Richard A. 1982. "Idiosyncracy and Circumstance: Choices and Constraints in the Research Process." In *Judgment Calls in Research*, edited by Joseph E. McGrath, Joanne Martin, and Richard A. Kulka. Beverly Hills, CA: Sage.

Lacey, Robert. 1986. *Ford*. London: Heinemann.

Larréché, Jean – Claude. 1979. *Integrative Complexity and Use of Marketing Models*. TIMS Studies in Management Sciences, No. 2013.

Lawler, Edward E. , III. 1985. "Challenging Traditional Research Assumptions. "In *Doing Research That Is Useful for Theory and Practice*, edited by Edward B. Lawler, III et al. , 1-17. San Francisco: Jossey-Bass.

Lawler, Edward E. , III et al. , eds. 1985. *Doing Research That Is Useful for Theory and Practice*. San Francisco: Jossey-Bass.

Ledgard, Henry, and Andrew Singer. 1982. *Elementary Basic*. New York: Random House.

Lehtinen, Jarmo R. 1985. "Improving Service Quality by Analyzing the Service Production Process. " In *Service Marketing: Nordic School Perspectives*. Research Report R, edited by C. Grönroos and E. Gummesson, p. 2. Stockholm:

University of Stockholm, Department of Business Administration.

Lewin, Kurt. 1946. "Action Research and Minority Problems." *Journal of Social Issues* 2:34-36.

Liles, Shelley. 1989. "Being a Consultant Pays Off." *USA Today*, July 21, p. 8B.

Lindahl, Olov, and Lars Lindwall. 1978. *Vetenskap och beprvöad erfarenhat.* Stockholm: Natur och Kultur.

Lindberg, Börje. 1982. *Konsult.* Stockholm: Börje Lindberg.

Lindgren, Ulf. 1981. *Praktikfallsforskning: En metodologisk betraktelse.* Stockholm: Stockholm School of Economics, Institute of International Business.

Lindholm, Stig. 1980. *Vetenskap, verklighet och paradigm.* Uppsala, Sweden: AWE / Gebers.

Lindstrmö, Johan. 1973. *Dialog och försåtelse.* Gothenburg, Sweden: University of Gothenburg.

Long Range Planning. 1983. "Collected Commentaries of the Reviewers." December: 108-09.

Mao Tse-Tung. [1937] 1969. "Om Praktiken." *Skrifter i urval.* Uddevalla, Sweden: n. p.

Marketing News. 1986. "Hypothesis-Free Research Needed to Avoid Marketing to Stereotypes." Chicago: American Marketing Association June 6, pp. 6, 8.

Martin, Joanne. 1982. "A Garbage Can Model of the Research Process." In *Judgment Calls in Research*, edited by, Joseph E. McGrath, Joanne Martin, and Richard A. Kulka. Beverly Hills, CA: Sage.

Masterman, Margret. 1970. "The Nature of a Paradigm." In *Criticism and the Growth of Knowledge*, edited by Imre Lakatos and Alan Musgrave, 59-89. Cambridge, UK: Cambridge University Press.

Mattsson, Lars-Gunnar. 1982. "Om utveckling av marknadsföring och distributionsekonomi i Sverige." In *Företagsekonomi: Sanning eller moral?* edited by Nils Brunsson. Lund, Sweden: Studentlitteratur.

McCormack, Mark H. 1984. "Reading People." In *What They Don't Teach You at Harvard Business School.* London: Collins.

McGivern, C. K., and S. Fineman. 1983. "Research and Consultancy: Towards a Conceptual Synthesis." *Journal of Management Studies* 20(4).

McGrath, Joseph E., Joanne Martin, and Richard A. Kulka, eds. 1982.

Judgment Calls in Research. Beverly Hills, CA: Sage.

McKenna, Regis. 1985. *The Regis Touch.* Reading, MA: Addison-Wesley.

McLuhan, Marshall. 1966. *Understanding Media: The Extension of Man.* New York: McGraw-Hill.

Mendoza, Gaby. 1987. "The Secret of Peter Drucker's Success as a Writer" *World Executive's Digest* May.

Meurling, John, and Richard Jeans. 1985. *A Switch in Time.* Chicago: Telephony.

—— 1994. *The Mobile Phone Book.* London: Communications Week International.

Mintzberg, Henry. 1994. *The Rise and Fall of Strategic Planning.* New York: Free Press.

Mitroff, Ian I. 1974. The *Subjective Side of Science.* Amsterdam, The Netherlands: Elsevier.

Mitroff, Ian I., and Ralph H. Kilmann. 1982. *Methodological Approaches to Social Sciences.* San Francisco: Jossey-Bass.

Molander, Bengt. 1983. *Vetenskapsfilosofi.* Stockholm: Norstedts.

Morgan, Gareth. 1997. *Images of Organization.* Thousand Oaks, CA: Sage.

Myrdal, Gunnar 1970. *Objectivity in Social Research.* London: Duckworth.

Nachmias, David, and Chava Nachmias. 1987. *Research Methods in the Social Sciences.* New York: St. Martin's.

Nader, Ralph. 1965. *Unsafe at Any Speed.* New York: Grossman.

Naert, Philippe A., and Peter H. Leeflang. 1978. *Building Implementable Marketing Models.* Leiden / Boston: Martinus Nijhoff.

Naess, Arne. 1982. *Anklagelser mot vetenskapen.* Gothenburg, Sweden: AWE/ Gebers.

Nagel, Thomas. 1986. *The View from Nowhere.* Oxford, UK: Oxford University Press.

Nash, Jeffrey E. 1977. "Decoding the Runner's Wardrobe." In *Conformity and Conflict*, edited by J. P. Spradley and D. W. McCurdy. Boston: Little, Brown.

New Encyclopedia Britannica. Vol. 11, p. 20917. 1986. Chicago: Encyclopedia Britannica.

"Can We Trust Our Software?" 1990. *Newsweek*, January 29, pp. 42-44.

Nilson, Ulf. 1989. "Poor Marx." *Scanorama*, February.

Noll, Peter. 1984. *Diktate über Sterben und Tot*. Zurich, Switzerland: Pendo-Verlag.

Normann, Richard. 1970. *A Personal Quest for Methodology*. Stockholm: Scandina vian Institutes for Administrative Research.

Nyquist, Jody D., Mary J. Bitner, and Bernard H. Booms. 1985. "Identifying Communication Difficulties in the Service Encounter: A Critical Incident Approach." In *The Service Encounter*, edited by John A. Czepiel, Michael R. Solomon, and Carol F. Surprenant. Lexington, MA: Lexington Books.

Ödman, Per-Johan. 1979. *Tolkning, försåtelse, vetande*. Halmstad, Sweden: AWE / Gebers.

——. 1985. "Hermeneutics." In *The International Encyclopedia of Education*, edited by Torsten Husen and Neville T. Postlethwaite, 2162-69. Oxford, UK: Pergamon.

Ohmae, Kenichi. 1995. *The End of the Nation State*. New York: Free Press.

Orme-Johnson, David. 1988. "The Cosmic Psyche." *Modern Science and Vedic Science* 2(2).

Ortmark, Åke. 1985. *Maktens människor*. Malmo, Sweden: Wahlstrmö & Widstrand.

Ouchi, William G. 1981. *Theory Z*. New York: Avon.

Overbye, Dennis. 1990. "Einstein in Love." *Time*, April 30, p. 56.

Packard, Vance. [1957] 1971. *The Hidden Persuaders*. Harmondsworth, UK: Penguin.

——. 1961. *The Waste Makers*. London: John Farquarson.

Palmer, Richard E. 1969. *Hermeneutics*. Evanston, IL: Northwestern University Press.

Patton, Michael Quinn. 1980. *Qualititative Evaluation Methods*. Beverly Hills, CA: Sage.

——. 1990. *Qualitative Evaluations and Research Methods*. 2d ed. Newbury Park, CA: Sage.

Payne, Adrian, and Cedric Lumsden. 1987. "Strategy Consulting: A Shooting Star." *Long Range Planning* 20(3):53-64.

Persson, Lars. 1980a. *En syn på företagsekonomisk forskning*. Working Paper W 1980:1. Stockholm: University of Stockholm, Department of Business Admin –

istration.

——. 1980b. *PM med synspunkter inför seminarium* 1980-10-17 *kring B's disputation.* Stockholm: University of Stockholm, Department of Business Administration. Peters, Thomas J. 1988. *Thriving on Chaos.* London: Macmillan.

Peters, Thomas J., and Robert J. Waterman, Jr. 1982. *In Search of Excellence.* New York: Harper & Row.

Piercy, Nigel F. 1998. "Marketing Implementation: The Implications of Marketing Paradigm Weakness for the Strategy Execution Process." *Journal of the Academy of Marketing Science* 26(3):222-36.

Pirsig, Robert M. 1974. *Zen and the Art of Motorcycle Maintenance.* New York: William Morrow.

"Playboy Interview: Fidel Castro." *Playboy*, August 1985.

Polanyi, Michael. 1962. *Personal Knowledge.* London: Routledge & Kegan Paul.

Popper, Karl R. 1979/1959. *The Logic of Scientific Discovery.* London: Hutchinson.

Postman, Neil. 1985. *Amusing Ourselves to Death.* New York: Penguin.

Prigogene, Ilya, and Isabelle Stengers. 1985. *Order out of Chaos.* London: Fontana/ Flamingo.

Quinn, James Brian. 1992. *The Intelligent Enterprise.* New York: Free Press.

Reutersvräd, Oscar. 1984. *Omöjiga figurer.* Lund, Sweden: Doxa.

Rodgers F. G. "Buck." 1986. (with Robert L. Shook). In *The IBM Way.* New York: Harper & Row.

Rubenowitz, Sigvard. 1980. *Utrednings-och forskningsmetodik.* Gothenburg, Sweden: Scandinavian University Books.

Rudberg, Hans. 1979. *Ett haveri.* Lund, Sweden: Raben & Sjögren.

Russell, Bertrand. [1912] 1948. *The Problems of Philosophy.* London: Oxford University Press.

Russell, Peter. 1976. *The TM Technique.* London: Routledge & Kegan Paul.

Rylander, Leif. 1995. *Tillväxtföretag i startfas.* Stockholm: Stockholm University.

Sadler, Philip. 1983. "Collected Commentaries of the Reviewers." *Long Range Planning* December:108-09.

Sakharov, Andre, ed. 1990. *Memoirs.* New York: Knopf.

Sampson, Anthony. 1973. *The Sovereign State: The Secret History of ITT*. London: Hodder & Stoughton.

——. 1984. *Empires of the Sky*. Sevenoaks, UK: Hodder & Stoughton.

——. [1977] 1985. *The Arms Bazaar*. London: Coronet.

——. 1990. *The Midas Touch*. New York: Dutton.

Sandberg, Åke. 1982. "Från aktionsforskning till praxisforskning." *Sociologisk Forskning* 2-3.

Schein, Edgar H. 1969. *Process Consultation: Its Role in Organization Development*. Reading, MA: Addison-Wesley.

——. 1995. "Process Consultation, Action Research and Clinical Inquiry: Are They the Same?" *Journal of Managerial Psychology* 10(6):14-19.

Schmid, Herman. 1982. "Tillampad forskning som praktik." *Sociologisk Forskning* 2-3.

Schon, Donald A. 1983. *The Reflective Practitioner*. New York: Basic Books.

Sculley, John (with John A. Byrne). 1987. *Odyssey: Pepsi to Apple*. London: Collins.

Sen, Amartya. 1980. "Description as Choice." *Oxford Economic Papers* 3:353-69.

Seymour, Daniel T. 1988. *Marketing Research: Qualitative Methods for the Marketing Professional*. Chicago, IL: Probus.

Shay, P. W. 1974. *The Common Body of Knowledge for Management Consultants*. New York: Association of Consulting Management Engineers.

Shelton, Judy. 1990. *Coming Soviet Crash: Gorbachev's Desperate Search for Credit in the Western Financial Market*. New York: Macmillan.

Shipman, Marten. 1982. *The Limitations of Social Research*. London: Longman.

Shiva, Vandana. 1997. *Biopiracy: The Plunder of Nature and Knowledge*. Boston, MA: South End.

Silverman, David, ed. 1997. *Qualitative Research*. London: Sage.

Simenon, George. 1975. *Maigret and the Loner*. New York: Harcourt Brace Jovano vich.

Sjöberg, Lennart. 1982. "Vetenskapsteori och samhälle." *Svenska Dagbladet*, March 31.

Sjöstrand, Torgny. 1975. "Vetenskapssamhället och utvecklingen." *Läkartidningen* 72(10).

——. 1979. *Medicinsk vetenskap*. Stockholm: Natur och Kultur.

Sloan, Alfred P. [1963] 1986. *My Years with General Motors*. London: Penguin.

Smith, George David, and Laurence E. Steadman. 1981. "Present Value of Corporate History." *Harvard Business Review* November-December.

Snow, C. P. [1934] 1958. *The Search*. London: Macmillan.

Stacey, Ralph D. 1996. *Strategic Management and Organisational Dynamics* (2d ed.). London: Pitman.

Statskontoret. 1980. *Ny organisation? Metoder och arbetsformer vid organisations-utredningar*. Stockholm: Liber.

Stockdale, Margaret S., ed. 1996. *Sexual Harassment in the Workplace*. Thousand Oaks, CA: Sage.

Stockfelt, Torbjörn. 1982. *Professorn*. Taby, Stockholm: MaxiMedia.

Stolpe, Sven. 1970. *Låt mig berätta*. Stockholm: Askild & Karnekull.

Strauss, Anselm L., and Barney G. Glaser. 1970. *Anguish: A Case History of a Dying Trajectory*. San Francisco: University of California Medical Center.

Sundqvist, Sven-Ivan. 1987. *Refaat & Fermenta*. Stockholm: Forfattarforlaget.

Svanberg, Victor. 1970. *Leva för att leva*. Stockholm: Askild & Karnekull.

Sveiby, Karl Erik. 1994. *Towards a Knowledge Perspective on Organisation*. Stockholm: Stockholm University.

——1997. *The New Organizational Wealth*. San Francisco: Berret-Koehler.

Sveiby, Karl-Erik, and Anders Risling. 1986. *Kunskapsföretaget*. Malmo, Sweden: Liber.

Tandon, Rajesh. 1988. "Social Transformation and Participatory Research." *Convergence* 12(2-3).

Targama, Axel. 1981. *Att genomföra administrativa förändringar*. Stockholm: Sveriges Mekanförbund.

Taylor, Frederick W. 1911. *Principles of Scientific Management*. New York: n.p.

Taylor, Steven J., and Robert Bogdan. 1984. *Introduction to Qualitative Research Methods*. New York: John Wiley.

Tesch, Renata. 1990. *Qualitative Research: Analysis Types and Software Tools*. New York: Falmer.

Thera, Piyadassi. n.d. *Buddhism: A Living Message*. Bangkok, Thailand: n.p.

Tilles, Seymour. 1961. "Understanding the Consultant's Role." *Harvard Business Review* November-December:87-99.

Tisdall, Patricia. 1982. *Agents of Change*. London: Heinemann/Institute of Management Consultants.

Toffler, Alvin. 1981. *The Third Wave*. London: Pan Books.

——. 1985. *The Adaptive Corporation*. London: Pan Books.

Törnebohm, Håkan. 1976. *En systematik över paradigm*. Gothenburg, Sweden: University of Gothenburg.

——. 1983. *Studier av kunskapsutveckling*. Karlshamn, Sweden: Doxa.

Townsend, Patrick L. , with Joan E. Gebhardt. 1990. *Commit to Quality*. New York: John Wiley.

af Trolle, Ulf. 1975. "At vara 'företagsdoktor.'" Affarsvärlden No. 2025-26.

——. 1979. *Effektivt styrelsearbete*. Kristianslad, Sweden: Affarsfrölaget.

Uttal, B. 1983. "The Corporate Culture Vultures."*Fortune* October 17, pp. 66-72.

Valdelin, Jan. 1974. *Produktutveckling och marknadsföring*. Stockholm: EFI.

Van Maanen, John. 1982. "Fieldwork on the Beat." In *Varieties of Qualitative Research*, edited by John Van Maanen, James M. Dabbs, Jr. , and Robert R. Faulkner. Beverly Hills, CA: Sage.

——. 1985. "Epilogue: Qualitative Methods Reclaimed." In *Qualitative Methodology*, edited by John Van Maanen. Beverly Hills, CA: Sage.

Wallander, Jan. 1994. *Budgeten: Ett onödigt ont*? Stockholm: SNS.

Wallraff, Gunter. 1985 *Ganz Unten*. Cologne, Germany: Verlag Kiepenheuer & Witsch.

Warneryd, Karl-Erik. 1985. "Management Research and Methodology." *Scandinavian Journal of Management Studies* 2(1):3-17.

Washburn, Stewart A. ed. 1984/85. "Management Consultants and: Seven Views of the Relationship." *Journal of Management Consulting* 2(1):15-25.

Webb, Eugene J. , Donald T. Campbell, Richard D. Schwartz, and Lee Sechrest. 1966. *Unobtrusive Measures*. Chicago: Rand McNally.

Webb, Eugene, and Karl E. Weick. 1983. "Unobtrusive Measures." In *Qualitative Methodology*, edited by John Van Maanen. Beverly Hills, CA: Sage.

Weber, Max. 1968. *Economy and Society*. New York: Bedminster.

Whitley, Richard D. 1984. "The Scientific Status of Management Research as a Practically Oriented Social Science." *Journal of Management Studies* 21(4):

369-90.

Williams, Paul N. 1978. *Investigative Reporting and Editing*. Englewood Cliffs, NJ: Prentice Hall.

von Wright, Georg Henrik. 1986. *Vetenskapen och förnuftet*. Stockholm: Bonniers.

Yin, Robart K. 1994. *Case Study Research*. Thousand Oaks, CA: Sage.

Zeithaml, V. A., A. Parasuraman, and L. L. Berry. 1990. *Delivering Quality Service*. New York: Free Press.

Zohar, Danah, and Ian Marshall. 1993. *The Quantum Society*. London: Bloomsbury.

Zukav, Gary. 1979. *The Dancing Wu-Li Masters: An Overview of the New Physics*. New York: William Morrow.

后　　记

　　曾几何时,学术界似乎多了一些极端、偏狭、排斥、对抗和浮躁,少了一些辩证、理性、包容、合作和淡然。国内与国外、历史与未来、理论与实践、学术研究与管理咨询、定量方法与定性方法、交易营销与关系营销、实体产品营销与无形产品营销等方面好像形成了一种不是你死就是我活的对立关系。

　　在 2003 年的金秋时节,当我远涉重洋来到素有"北方威尼斯"之称的瑞典首都斯德哥尔摩的时候,我有幸结识了北欧服务营销学派的杰出代表、著名的关系营销学家、斯德哥尔摩大学商学院教授伊弗特·古摩松教授。在课堂上、讨论中以及 E-mail 联系时,我从古摩松教授身上真正领略到了什么是学者的睿智执着、长者的宽慈仁厚、大家的谦逊和善。在瑞典访问研究期间,在他的热情帮助下,我不仅有机会聆听到 Gronroos 教授、Kotler 教授 和 Pepper 教授等营销泰斗们的精彩报告,还能够深入涉猎包括古摩松等教授在内的北欧服务营销学派、产业营销与购买学派(IMP)的有关服务营销、关系营销和产业营销的最新成果。更重要的是能够从古摩松教授的报告上、著作中和谈话里感悟到他对理性在学术界的缺失的一种隐忧。管理学界对交易营销、营销组合、定量方法和北美学派"一边倒"的现象令他感到很是郁闷和不快。这种不快并没有使他人云亦云或者退缩放弃,而是"在永无止境的科学旅程上"坚持不懈地"像荷兰飞人那样不停地飞下去"。因为他知道,"在现实中有一杆标尺,标尺的一端没有关系或者关系不大,而另一端则具有非常密切的关系。企业由于面临的环境不同,选择的战略有别,在标尺的各个刻点上都有可能出现(不同的)营销(模式)"。"绝对没有必要将定性方法与定量方法对立,事实上,这种对立无异于种族战争,其相互敌视的动机是非常浅薄的。"所以,他认为关系营销和交易营销、全职营销人员和兼职营销人员、定量方法和定性方法、学术研究和管理咨询不应该截然地对立起来。

　　他的这些思想在《管理的定性研究方法》中得到了很好的展现,因此,我非常乐意,也非常荣幸能将这本集古摩松教授在科学学理论、学术研究和管理咨询的方法论、定性方法以及案例研究方法方面的最新研究成果之大成的著作译成中文,希望能对中国的管理理论研究者、管理咨询实践者、科学技术哲学学者有所帮助,并推动定性研究方法在中国营销学界、管理学界的发展,促进学术界重新思考如何做到辩证、理性、包容、合作和淡然的问题。

古摩松博士在书中就案例研究方法在定性研究中的作用以及定性研究在管理研究中的地位提出了全新的观点;重点强调研究人员要深入接近管理实际,通过个人一手经历和他人的二手经验发展自己的预知与熟知,不能总是游离在现实世界的边缘去隔岸观火;探讨了如何将学术研究人员和管理咨询师这两种角色有机地融合起来,去做组织决策、实施和变革过程中的变革代理人;阐述了学术研究和管理咨询的质量评估、学术研究人员和管理咨询师的个人品质、研究过程和研究内容上的禁忌等前沿问题;将一般意义上和社会范畴内的行动科学拓展到了管理科学领域,开创性地提出了行动科学的管理范式概念,提出管理学界的研究人员和实践人员都要力争做一名行动管理学家。

本书可作为管理专业、营销专业和科技哲学专业教师、研究人员的参考书,也适合于各类管理咨询机构使用。

本书的翻译出版得到了武汉大学商学院博士生导师甘碧群教授的鼎力推荐、热情鼓励和悉心指导。武汉理工大学管理学院王成昌博士完成了本书第五章的初译,武汉理工大学图书馆副研究馆员陈新艳女士、武汉邮电科学研究院刘灼祥先生参与了部分章节的初译工作,全书由袁国华负责翻译和校订。

由于译者水平有限,译文中错误、缺点和疏漏在所难免,敬请广大读者批评指正!

袁国华

2006 年 3 月于武汉卓刀泉